Über die Autorin:

Ich habe 14 Semester Psychologie studiert, konnte das Studium leider aber krankheitsbedingt nicht komplett abschließen. Ich bin selbst multipel und habe zusätzlich eine autistische Störung (Asperger – Syndrom). Im Rahmen meines Studiums entwickelte ich immer mehr den Wunsch, in die Forschung zu gehen und Bücher zum Thema Missbrauch/Gewalt und DIS zu schreiben und Informationen zu diesen Themen zu veröffentlichen. Zwar konnte ich nicht in der Forschung arbeiten aber zum Glück meinem Ziel treu bleiben, zur Veröffentlichung der Thematik in der Öffentlichkeit beizutragen. Dieses Buch ist ein erster Schritt dahin und soll Betroffenen und Interessierten sinnvolle Informationen liefern, vor Allem aber soll es Mut machen, sich mit der Diagnose DIS aktiv und bewusst auseinander zu setzen.

Joana Jane Bach

SEXUELLER MISSBRAUCH UND DIS

-

Die Leugner überleben

Bibliografische Information der Deutschen Nationalbibliothek:
Die Deutsche Nationalbibliothek verzeichnet diese Publikation in der
Deutschen Nationalbibliografie; detaillierte bibliografische Daten sind im
Internet über http://dnb.dnb.de abrufbar.

© 2022 Joana Jane Bach

Herstellung und Verlag: BoD – Books on Demand, Norderstedt

Kontakt:

Email: joanabach1@web.de

ISBN: 978-3-7568-1923-2

Für alle, die selbst nicht sprechen können

Inhalt

Ich stehe im Wind und sehe den Vögeln nach, die in den Süden ziehen. Ich lebe, weil ich leben muss; ein anderer hat mir verboten es nicht zu tun. Ich kann mich nicht wehren. Ich muss tun was er sagt. Er weiß es. Ich weiß es nicht.

Ich will MEINE Zeit!

Jetzt!

Er und ich

Er weiß nicht wer ich bin – ohne mich.
Ohne ihn kann ich nicht leben – ohne mich.
Er ohne uns ist nur ein Stück ohne Namen.
Ich ohne ihn kann nicht wissen, welche ihm die Namen gaben.
Er ohne mich, ist nur ein Teil, der nichts von unserem Dasein weiß.
Ich ohne uns kann nicht sehen, wer uns die Wahrheit heißt.
Wer heißt uns unsere Namen ohne unser Wort?

Wer lebt an unserer Stelle ohne unseren Ort?
Wer kann uns den Namen sagen,
Den wir ihm irgendwann
  •   selbst
gaben?

Für den anderen

Er lebte, wo immer ich lebte.
Ich konnte ihn nur nicht erkennen.
Als ich ihn erkannte, war die Zeit schon fast vorbei.
Vorbei die alte Zeit, das Leid, der Schmerz und die Qual.
Vorbei mein altes Leid zu neuem Sinn,
Als wäre ich neu geboren.

Ich gebe schon zu:
Mir war seine Existenz nicht klar.
Lange habe ich auf ihn gewartet,
Lange ihn nicht gesehen,
Meinen Partner,
Meinen Reichtum,
Meine Freude,
Mein Leben,
Und das was ich immer wollte,

In unserem gemeinsamen Leben.

Er kam zu mir, bevor ich ihn überhaupt darum gebeten hatte.
Ich wusste kaum e das vonstatten ging.
Ich wusste nur, dass es so nicht weitergehen konnte.

Und plötzlich war er da,
An meiner Seite,
So verlogen wie ich,
Kaum weiser als ich,
Und doch weiser als wir alle zusammen.

Wirkte ohne mich,
In meinem Leben,
Um mir das Leben zu gestalten,
Um es uns einfacher zu machen,
Um uns zu zeigen, wie man die Welt liebt.

Noch vorher waren wir nicht geboren,

Er ohne mich,
Ich ohne ihn,

Ich wusste nichts von seinem Namen,
Ich konnte nicht sagen welche ihm die Namen gaben,

Nur ich allein.

Vorwort

Dieses Buch ist kein Fachbuch. Der zweite Teil des Buches umfasst den Teil einer studentischen Hausarbeit, die ich verfasst habe und beruht z. T. auf den im Anhang angegebenen Quellen. Der erste Teil umfasst Gedanken zur persönlichen Selbsthilfe, die ich aufgrund von Erfahrungen und allgemeinem Wissenserwerb für sinnvoll halte.

Das Buch ist vom Stil her eher nüchtern und sachlich verfasst. Dies ist aus zwei Gründen der Fall:

Zum einen soll es gut lesbar sein und nicht allzu sehr triggernd sein. Im gesamten Buch werden keine Triggerwarnungen gegeben. Deshalb sollte jede/r, die/der das Buch liest, vorsichtig mit sich umgehen und gut auf sich achten, ob eine bestimmte Thematik gerade angemessen ist.

Zum anderen wird auf eine allzu emotionale Darstellung verzichtet, weil Selbsthilfebüchern leider zu häufig der Vorwurf gemacht wird, suggestiv zu sein und falsche Erinnerungen an sexuellen Missbrauch zu induzieren. Dieses Buch sollte von einem breiten Publikum, auch dem wissenschaftlichen und therapeutischen Leser, als ausreichend objektiv angesehen werden, um im Rahmen der „False Memories" Debatte ernst genommen zu werden. Aus diesem Grunde verzichte ich mit einzelnen Ausnahmen auch auf eine direkte Ansprache aller multiplen Betroffenen in Du – Form, ebenfalls um zu vermeiden, dass alle benannten Aspekte im Buch übernommen werden, da es keine Einheitslösung für alle multiplen Menschen gibt. Vielmehr sollte jede/r für sich immer wieder entscheiden, ob eine benannte Hilfestellung für die Heilung eine gute Idee sein könnte oder keine. Das Buch basiert auf den im Anhang angegebenen Quellen und persönlichen Erfahrungen.

Zur Frage, die sich häufig stellen mag, ob die Autorin selbst über alle Lösungen verfügt, die hier als Anregung gegeben werden: Selbstverständlich nicht. Aber natürlich halte ich es für sinnvoller über Lösungen für Probleme zu schreiben, als über Probleme allein. Wie benannt handelt es sich in großen Teilen lediglich um persönliche Meinungen, die man sich ansehen kann aber nicht teilen muss.

Da dieses Buch natürlich vorrangig für multiple und missbrauchte Menschen geschrieben ist, ist die eher wissenschaftliche Darstellung in manchen Teilen begrenzt, in manchen auch ganz begrenzt.

Das Buch legt einen Schwerpunkt auf das Thema DIS, weil speziell zu DIS und ritueller Gewalt bisher am wenigsten publiziert wurde und dieses Thema in der Öffentlichkeit auch am wenigsten zur Sprache kommt. Natürlich sind aber alle anderen Betroffenen von Gewalt und Missbrauch mit gemeint, auch diejenigen, die keine DIS- Diagnose haben. DIS ist ja nur das extremste Ausmaß einer posttraumatischen Störung. Dissoziation ist Phänomen, auf das jeder hin und wieder zurück greift, erst in einer extrem ausgeprägten Form als Traumafolge wird es zum Problem. Es gibt auch viele Menschen, die für traumatische Erfahrungen in der Kindheit amnestisch sind aber keine

DIS entwickeln und natürlich gibt es auch Menschen, die sexuellen Missbrauch erlebt haben und keine Amnesien entwickelt haben.

Obwohl es die Diagnose im DSM 4 und im ICD10 offiziell „gibt" und sie damit auch offiziell anerkannt ist, wird sie regelmäßig in Frage gestellt. Den wissenschaftlichen Beweis, dass es diese Diagnose gibt, müssen die Betroffenen erbringen, sogar Multiple, die immer noch in akuten Gewaltsituationen stecken und dies ggf. sogar selbst wissen. Welcher Hohn muss es für die Betroffenen sein, regelmäßig missbraucht zu werden oder andere Straftaten mitzuerleben, während sie an öffentlichen Stellen regelmäßig selbst beweisen müssen, dass es sie – und die Gewalt – gibt... Multiple, die nicht alles komplett wissen und denen nicht bewusst ist, dass sie noch in einer Gewaltsituation stecken, werden durch dieses Vorgehen in ihren Selbstzweifeln bestärkt und haben große Probleme aus der Gewaltsituation jemals auszubrechen.

Im zweiten Teil des Buches wird die Problematik von „wahren" und „falschen" Erinnerungen ausführlich diskutiert. (Die Textinhalte, die von anderen Autoren stammen, sind markiert und in den Fußnoten und im Literaturverzeichnis benannt. Alle anderen Passagen stammen von mir.) Grundsätzlich sollten aber nicht die Betroffenen diejenigen sein, die ihre Aussagen beweisen müssen, sondern es sollte die Aufgabe der Strafverfolgungsbehörden sein, angemessene Ermittlungen vorzunehmen, um die Existenz der Gewalt nachzuweisen. Die Therapie sollte kein Ort sein, an dem wissenschaftliche Diskussionen über „wahre" und „falsche" Erinnerungen geführt werden, es sei denn der/die Multiple möchte selbst darüber sprechen. Ansonsten gehört diese Debatte nicht in das direkte Helfersystem, das mit dem/der Betroffenen umgeht. Der/die Betroffene hat im Rahmen der Menschenrechte und der Verfassung ein Anrecht auf angemessene Hilfe und Schutz!

Mit irgendwelchen Verschwörungstheorien, die leider auch kursieren und wirklich Betroffenen massiv schaden, haben die hier benannten Aussagen zu realer ritueller und anderer Gewalt nichts zu tun! Daneben gibt es Betroffene, die für sich selbst Diagnose und Therapie in Anspruch nehmen, aber leugnen, dass es rituelle Gewalt in satanischen Kontexten gibt. Sie sprechen also anderen Betroffenen aus satanischen Kontexten die Glaubwürdigkeit ab. Weil diese Theorie zum Glück nicht so weit verbreitet ist die die FMS- Theorie soll sie hier auch keinen Raum finden. Warum es dazu kommt habe ich bisher noch nicht verstanden. Möglicherweise müssen diese Betroffenen einen Teil ihrer Geschichte, in dem Fall einen satanistischen Hintergrund verleugnen oder sind so täteridentifiziert, dass sie bewusst oder unbewusst Tätern mit diesem Hintergrund zuarbeiten.

Während ich dieses Buch fertig gestellt habe, hat der Krieg in der Ukraine begonnen. Entsetzen, Mitgefühl, Fassungslosigkeit, Hilflosigkeit, Schuldgefühl, Wut, Traurigkeit... Angesichts des Grauens, das dort geschieht, ändert sich der Blick auf das Leben noch mal grundlegend.

Ich habe mich gefragt, ob es gerade überhaupt gut ist, ein Buch über noch mehr Gewaltthemen raus zu bringen und ob die Menschen das überhaupt noch lesen wollen. Und kann ich mit dem Buch überhaupt noch Mut machen?

Ich habe beschlossen, es trotzdem raus zu bringen. Gerade jetzt braucht es vor allem Hoffnung, dass sich das Leben – so schrecklich es auch gerade ist - immer wieder zum Guten ändern kann. Die Hoffnung, dass das Gute das Böse besiegen wird, darf nie aufhören und wir dürfen nie aufhören für das Gute und die Freiheit aller Menschen zu kämpfen. Deshalb ist dieses Buch auch allen Überlebenden aus und in der Ukraine und anderen Kriegsregionen gewidmet.

1. Teil

Selbsthilfe für multiple und/oder missbrauchte Frauen und Männer

1. Diagnose DIS – Wie geht es weiter?

Zu bemerken, dass man multipel sein könnte oder die Diagnose DIS zu bekommen, ist eine belastende Erfahrung, die möglicherweise zunächst in eine tiefe Verzweiflung stürzen kann. Aber DIS bedeutet nicht nur, ein qualvolles Leben zwischen dem Auftauchen verschiedener Persönlichkeitszustände zu führen. Genauso kann man als Multiple/r eine nicht alltägliche Vielfalt des menschlichen Daseins erleben. Multiple werden häufig nicht verstanden, in Schemata gepresst oder direkt angegriffen. Und trotzdem können Multiple möglicherweise Dinge erfassen, die niemandem sonst zugänglich werden, z.B. Weite und eine innere Freiheit durch das Bewusstsein mehrerer Personen. Im Alltag ist eine rigide starre Langeweile unmöglich. Vielleicht ist sogar zu spüren, welche Begabungen und Fähigkeiten nur in einem selbst vorhanden sind.

Menschen, denen es augenscheinlich gut geht, leiden vielleicht genau so unter Einsamkeit und haben nur nach außen ein anscheinend perfektes Leben. Der Wunsch, ein unbeeinträchtigtes Leben zu führen, ist vielleicht groß und Gefühle des Neides über die Dinge, die andere haben, sind normal und verständlich. Aber Multiple sind nicht nur benachteiligte Menschen; sie haben auch Dinge, die andere nicht haben.

Was sind das für Dinge?

Dennoch ist das Wahrnehmen des „multipel Seins" und / oder die

Bestätigung durch einen Arzt / eine Ärztin oder Psychologen / eine Psychologin eine Erfahrung, die schockierend ist und am liebsten auch nicht wahrgenommen wird. Dies ist zur Heilung auch nicht zwangsläufig notwendig, denn Heilung WIRD geschehen – so oder so. Es gibt keinen bestimmten Druck, sich in einer bestimmten Zeit mit der Vergangenheit und den gegenwärtigen Problemen auseinander zu setzen. Es geschieht sowieso, auf ganz individuelle wundervolle Art und Weise mit der Begabung, wodurch das multipel Sein überhaupt entstehen konnte. Es erfordert keine Anstrengung zu heilen, sondern nur, sich voll und ganz zu akzeptieren.

Eine Diagnose ändert an den Fakten nichts. Sie sollte nicht die Macht haben, eine hoffnungslose Gestörtheit zu prognostizieren. Jeder kann selbst entscheiden, ob der Name die eigene Freiheit nimmt, zu sein wie und was man selbst ist. Es gibt nur einen Namen für die Dinge unter denen man leidet. Nicht mehr und nicht weniger. Er sagt etwas über den Leidensdruck aus, aber er sagt nichts aus über das Leben und die eigene Entwicklung. Es gibt eine Zukunft. Trotz DIS. Auch wenn man multipel ist, kann man sie selbst lenken. Nehmt Euch die guten Erfahrungen, nicht die Schlechten.

2. Was ist DIS?

Der Begriff Dissoziative Identitätsstörung (DIS) bedeutet dasselbe, wie der ältere Begriff Multiple Persönlichkeitsstörung (MPS). Es handelt sich um ein und dieselbe Störung.

Der Begriff wird hier nicht allein anhand der offiziellen Kriterien des DSM 4 und des ICD10 definiert, sondern zur besseren Verdeutlichung der Problematik von mir nach meinem Gefühl beschrieben. Somit liegt eine subjektive Beschreibung vor.

Multipel ist ein Mensch, der seine Persönlichkeit aufgrund schwerwiegender Traumata, die vor dem fünften Lebensjahr begonnen haben, in mehrere Persönlichkeitsanteile auf gespalten hat. Das Ausmaß dieser Spaltung ist dabei größer, als das Erleben unterschiedlicher Persönlichkeitszüge, die jeder Mensch kennt.

Die Persönlichkeitsanteile führen ein subjektives Eigenleben, und oftmals weiß die eine Persönlichkeit nichts von der Existenz der anderen. Das bedeutet konkret, dass zu unterschiedlichen Zeiten z.B. Persönlichkeit B die Organisation einer Tätigkeit übernimmt, z.B. von 8.00 Uhr vormittags bis 11.00 Uhr vormittags und dann um 11.00 Uhr nach einem Persönlichkeitswechsel (Switch) Person A dominiert. A weiß dann nicht mehr, was B getan hat und die Erinnerung an die vorhergehenden drei Stunden sind verloren (Amnesie). Für Multiple ist dieses Erleben erschreckend, und die Amnesien stören die Organisation des Alltags und das Wohlbefinden in hohem

Ausmaß.

Häufig haben Multiple mehr als zwei Persönlichkeiten in sich. Theoretisch ist die Anzahl der möglichen Persönlichkeitsanteile unbegrenzt. Je schwerer und langwieriger die zugrunde liegenden Traumata, desto mehr Persönlichkeiten entwickeln sich häufig.

Die Amnesien verursachen ein großes Schwanken der Leistungsfähigkeit, weshalb multiple Kinder häufig sehr schwankende Schulleistungen erbringen und Noten von 1 bis 6 schreiben. Multiple Menschen sind oft überdurchschnittlich intelligent und kreativ. Deshalb sind auch herausragende Leistungen von Multiplen möglich. Dies kann dazu führen, dass DIS als eine der harmloseren Störungen angesehen wird, weil das Ausmaß einer Störung häufig an der allgemeinen Leistungsfähigkeit gemessen wird. De facto ist DIS aber eine sehr schwere psychische Erkrankung, die zahlreiche persönliche und soziale Auswirkungen hat und einen sehr großen Leidensdruck bei den Betroffenen verursacht.

Bisher gibt es kaum Anlaufstellen speziell für multiple Menschen, und die Diagnose wird häufig nicht erkannt. Bei einer falschen Therapie verschlechtert sich die Lage für multiple Menschen stetig, da immer wieder neue Abspaltungen entstehen. Trotz der Schwere der Erkrankung ist DIS eine sehr gut psychotherapeutisch behandelbare Störung. Die Behandlung umfasst allerdings lange Jahre Geduld von Seiten des Therapeuten / der Therapeutin und des Klienten / der Klientin. Ziel der therapeutischen Bemühungen ist oft eine Integration der einzelnen Persönlichkeiten zu einer einzigen. Dies ist in der Praxis jedoch nicht immer möglich und auch nicht immer notwendig.

Im Alltag werden multiple Menschen durch Amnesien beeinträchtigt. Manche haben wenige Kontakte oder Kontakte, die ihnen nicht gut tun. Depressionen und Angstzustände sind häufig, ebenfalls ein häufiges Wiedererleben der Traumata (Flashback). Manchmal sind einzelne Persönlichkeitsanteile süchtig (Alkohol, Tabletten, Drogen), Selbstverletzungen sind häufig. Die Selbstmordgefahr ist in Anbetracht möglicher Programme von besonderer Bedeutung. Deshalb ist auch jede Intervention dementsprechend auszurichten. Dies heißt aber nicht, dass alle Selbstmordgedanken auf Programmen beruhen.

Für die Diagnostik bedeutsam ist das hohe Ausmaß an Dissoziation und Amnesie, verbunden mit deutlichen Änderungen in Ausdruck, Sprache, Gestik und Mimik. Dabei müssen aber auch nicht gemäß den Vorstellungen von „ Jekyll und Hyde " Personen vom Ausmaß „ Nett bis Monster ", permanente Kleidungsstilwechsel oder permanente Fugue – Zustände (Reisen von Rom nach Mexiko) auftauchen, wie manchmal angenommen wird. Dennoch sind alle Persönlichkeiten von immenser Unterschiedlichkeit in den Gedanken, in der Wahrnehmung und im Verhalten. Häufig sind in einem multiplen Menschen einige Kinder, Jugendliche, Beschützer (Personen, die die Kontrolle übernehmen, wenn das System geschützt werden muss), Zerstörer (Personen, die destruktive Muster erinnern), Wissensträger (Personen, die eine gute Erinnerung an die Traumata haben, sich davon aber nicht beeinträchtigt fühlen) und Beobachter (Personen, die ein System innen koordinieren und Informationen von einem zum nächsten geben), männliche und weibliche Personen vorhanden. Viele Innenpersonen und oft auch die „Alltagspersonen" denken zunächst, dass sie ein ganz eigenes Leben führen und wissen nichts von den anderen. Nach Beendigung der Traumata und Therapiefortschritten kommt es häufig zu einer besseren Zusammenarbeit zwischen den einzelnen Persönlichkeitsanteilen. Diese lernen sich dann gegenseitig besser kennen, und die Infos werden deutlicher von einer Person zur nächsten gegeben.

3. Das Leben besteht nicht nur aus der Krankheit

Multipel zu sein bedeutet, einem sehr hohen Leidensdruck zu unterliegen. Ein sehr hoher Leidensdruck, möglicherweise ohne aktuelle Therapie und eine schlechte Lebenssituation machen es zeitweise unmöglich, ALLE Dimensionen des Lebens wahrzunehmen. Eine erweiterte Sichtweise, die Einordnung der Persönlichkeit in einen größeren Sinnzusammenhang, als den der Erkrankung allein, kann vielleicht helfen, sich dem Multipel sein nicht allzu ausgeliefert zu fühlen. Vielleicht gibt es einen erfüllenden Beruf, oder ein Hobby, das Lebensfreude bringt. Vielleicht ist es eine spannende Entdeckungsreise, die anderen Persönlichkeiten kennen zu lernen und zu entdecken, welche Vorlieben und Fähigkeiten sie haben, welche Kreativität und Begabung hinter dem Multipel sein liegt. Jede einzelne Persönlichkeit darf heute da sein und ihr Potential entfalten, die Destruktiven dürfen sich einen Boxsack kaufen und ihn immer wieder schlagen, die Kinder dürfen malen, spielen, Wünsche äußern. Jeder Anteil darf auf seine Bedürfnisse achten, sie ernst nehmen und die eigenen Wünsche erfüllen. Wenn kein Täterkontakt mehr besteht, kann das Leben völlig ungehindert so eingerichtet werden, wie es jedem beliebt. Es ist nicht mehr notwendig, den Regeln zu folgen, denen in der Kindheit gefolgt werden musste. Dazu gehört auch, sich JETZT nicht mehr der Krankheit ausgeliefert zu fühlen, sondern auch, wahrzunehmen, wie viel Schönheit ein einziger Baum ausstrahlen kann, ein Sonnenuntergang, ein Kaninchen.

4. Depression und Selbstmord

Das Erleben von depressiven Zuständen hängt häufig mit negativen Kognitionen zusammen. Negative Gedankengänge können sich auf die Gefühlswelt auswirken und dadurch auch negative Emotionen auslösen. Die wichtigsten Aspekte, durch die Depressionen ausgelöst werden können, sind das Erleben von Hilflosigkeit, Hoffnungslosigkeit und Extremistisches Denken. Im Folgenden werden diese Aspekte erläutert.

4.1 Kognition

Auch wenn ein Mensch möglicherweise extremer Gewalt ausgeliefert war und deshalb multipel geworden ist, ist er dennoch nicht unfähig, die eigenen Emotionen, die eigene Wahrnehmung und das eigene Erleben zu beeinflussen. Die emotionale Verfassung wird AUCH von anderen Komponenten beeinflusst, z.b. vom Ausmaß der körperlichen Aktivität und von Kognitionen. Scheinbar hoffnungslose und ausweglose Situationen können – aus einer veränderten Perspektive betrachtet - lösbar werden. Oft ist es einfacher, eine veränderte Perspektive einzunehmen, wenn man sich vorstellt, jemand anderen zu betrachten und diesem anderen in derselben Lage zu raten.

Ursache für ein Gefühl der Ausweglosigkeit ist meistens nicht die tatsächliche Ausweglosigkeit einer Situation, sondern eine begrenzte Wahrnehmung. Lösungsmöglichkeiten wird eine ähnliche Ausweglosigkeit zugeschrieben, entsprechend der Wahrnehmung des aktuellen Zustandes. Ein negativer emotionaler Zustand weitet sich aus auf die Gedanken, die Wahrnehmung einer Situation und verursacht bestimmte Denkmuster, die ihrerseits den negativen emotionalen Zustand wieder verstärken.

Hilflosigkeit, Hoffnungslosigkeit und extremistisches Denken

Eine der größten Schwierigkeiten innerhalb des Heilungsprozesses liegt darin, sich nicht mehr als hilflos zu empfinden. Auch im Erwachsenenalter treten immer wieder Situationen auf, z.B. beim

Umgang mit Ärzten / Ärztinnen oder Behörden, in denen eine Macht-struktur vorgefunden werden kann. Gerade deshalb ist es wichtig, sich bewusst zu machen, dass andere Handlungsmöglichkeiten vor-handen sind, wenn man erwachsen ist. Nur das Empfinden ähnelt möglicherweise noch häufig dem der Kindheit. Das Gefühl, hilflos zu sein, bedeutet also nicht automatisch, dass man es in einer gegebe-nen Situation auch ist. Auch in einer ausweglos erscheinenden Situation gibt es Lösungsmöglichkeiten, die möglicherweise zu ei-nem aktuellen Zeitpunkt nicht sofort gesehen werden. Deshalb sollte man gerade dann, wenn der Versuch Lösungen zu finden zunächst gescheitert ist, nicht aufgeben.

Bestimmte Gedanken fördern häufig das Erleben von Hilflosigkeit und Depression:

1. Es wird NIEMALS etwas besser.
2. Das Leben ist NUR negativ.
3. ALLE Menschen sind schlecht.
4. IMMER versage ich ÜBERALL.
5. Ich kann mich nicht ändern.
6. Es gibt keine Lösung.
7. Es gibt keinen anderen Ausweg als den Tod.
8. Andere Menschen können meine Probleme lösen.
9. Andere verfügen über mich.
10. Ich bin der Situation ausgeliefert.

Etc..

All diesen Sätzen ist gemein, dass sie eine Hoffnungslosigkeit für zukünftige Situationen ausdrücken, oder es wird Hilflosigkeit in Bezug auf eine Situation empfunden. In der Realität sind viele Situationen nicht tatsächlich mit Hilflosigkeit verbunden. Deshalb finde ich es wichtig, sich ganz bewusst anzusehen, welche realistischen Lösungsmöglichkeiten für ein Problem vorhanden sind. Dann ist es „nur" noch notwendig, eine dieser Lösungen auch durchzuführen, auch wenn das nicht immer leicht ist. Wenn häufig Hilflosigkeit erlebt wird, kann es Sinn machen, sich einmal aufzuschreiben, in welchen Situationen man sich bisher hilflos gefühlt hat, diese dann aber bewältigt hat und ob dies wirklich so unmöglich war, wie zuvor angenommen. Ich finde es wichtig, sich die Erfahrungen der eigenen Kompetenz immer wieder bewusst zu machen.

Manche der o.g. Sätze umfassen Worte wie: immer, nie, überall, nur, alle, niemals etc. Diese Worte drücken eine extremistische Haltung aus, werden häufig benutzt, können aber im Prinzip viel Schaden anrichten, wenn sie zu ernst genommen werden und dazu verwendet werden, für eine Situation eine Absolutaussage zu machen. Meistens sind solche Absolutaussagen nicht angemessen und auch nicht realistisch und engen die Wahrnehmung für Lösungsalternativen und positive Situationen ein.

Um die Wahrnehmung der negativen Ereignisse zu verändern, lohnt es sich, einmal die positiven Aspekte eines Tages zu betrachten, damit auch diese in die eigene Wahrnehmung integriert werden. So kann in Frage gestellt werden, ob wirklich alles IMMER schlecht ist – ohne den immensen Leidensdruck, den Gewalt und DIS mit sich bringen, verkleinern zu wollen.

Ausnahmen: In noch akuten Gewaltsituationen kann es natürlich sein, dass diese Sichtweise nicht sehr hilfreich oder angemessen ist. In dem Fall kann ich nur dazu ermutigen, weiter, weiter und weiter Hilfe zu suchen, so lange bis Ihr einen Therapeuten/eine Therapeu-tin oder eine Beratungsstelle gefunden habt, die sich bereit erklärt, Euch auf diesem schwierigen Weg zu begleiten. Dazu später mehr.

4.2 Ich kann mich/etwas nicht ändern

Um sich besser zu fühlen, kann man schlussendlich nur selbst etwas dagegen tun. Nur zu oft erlebten multiple Menschen ein Gefühl der Hilflosigkeit und es ist möglich, dass dieses Gefühl auch dann weiterbesteht, wenn etwas positiv geändert werden sollte. Wenn Verhaltensweisen, psychische Zustände, Gedanken o.ä. verändert werden sollen, ist es nicht realistisch, bestimmte Muster in kurzer Zeit ändern zu können. Veränderungen können nur erlernt und geübt werden, bis sie sich irgendwann zu einem günstigeren Verhaltensmuster und Denkmuster entwickelt haben. Dass eine Veränderung Zeit braucht, heißt aber nicht, dass sie nicht möglich ist. Die Situation ist nun anders als die in der Kindheit. Kinder können sich nicht in Allem selbst helfen, heute gibt es aber sehr viele Möglichkeiten sich selbst zu helfen, auf die eigenen Bedürfnisse zu achten und sich selbst zu versorgen, und es ist die ganz eigene Entscheidung diese Möglichkeit auch zu nutzen. Dazu ist es auch wichtig, neue Werte auszuprobieren und selbst aktiv zu werden, statt in der erlernten Hoffnungslosigkeit zu verharren. Eine Haltung in der Form von „Ich kann mich nicht ändern, weil ich das nicht gelernt habe" richtet sich destruktiv gegen sich selbst und die eigene Gesundheit. Zu einer Veränderung gehört auch die eigene Entscheidung, aber ohne Druck, dass sich alles in 24 Stunden ändern lässt. Um zu heilen, ist vor Allem eine ganze Menge Empathie mit sich selbst vonnöten, aber auch die Entscheidung für einen neuen Weg. Heute ist das Opferdasein vorbei.

Jeder Mensch verfügt über ein Selbstheilungspotential, und egal was passiert ist, schafft sich jeder traumatisierte Mensch bewusst oder unbewusst Dinge, die helfen, geholfen haben und weiterhin helfen werden. Im Vergleich zur Betrachtung der vergangenen Jahre kann möglicherweise heute bereits einiges besser geworden sein. Möglicherweise ist der Täterkontakt bereits beendet, gute Freunde stehen hilfreich zur Seite oder die Kommunikation untereinander ist bereits so gut, dass es schon leichter geworden ist, den Alltag zu gestalten. Auch wenn noch das Gefühl da ist, dass bisher überhaupt nichts besser geworden ist, ist es dann sinnvoller, Lösungen zu entwickeln, damit etwas besser werden KANN. Dabei ist es zumeist wichtig, sich auch Hilfe zu suchen, z.B. bei Beratungsstellen, in der Therapie, in Maßen bei Freunden und vor Allem in sich selbst bei den anderen eigenen Anteilen. Auch wenn eine Lösung derzeit nicht in Aussicht ist, gibt es eine.

Je nachdem in welcher Lebenssituation sich ein multipler Mensch befindet, ist es möglich, dass sehr viele negative Erfahrungen noch aktuell sind. Gerade dann ist es wichtig, sich Hilfe zu suchen, um diese negative Situation ändern zu können und positive Erfahrungen aktiv zu suchen, auch wenn das sehr schwierig ist und mit großer Angst besetzt ist.

Ohne Aktivität ist keine Änderung des Lebens möglich. Auch wenn es schwer ist, etwas zu bewegen, wenn Depressionen die Aktivität bremsen, ist dies der Fall. Aber nichts muss mit Druck und Zwang geändert werden, sondern darf seine Zeit und Ruhe brauchen. Ein hohes Ausmaß an Erschöpfung verdient ein hohes Ausmaß an Ruhe und Erholung. Wenn diese ausreichend vorhanden sind, sollte und kann an einer aktiven Bewältigung von Problemen gearbeitet werden. Anders ist die Situation in akuten Gewaltsituationen oder destruktiven Beziehungen. Hier kann nur durch möglichst schnelles aber wohlüberlegtes aktives Handeln die Situation beendet oder zumindest verbessert werden. Vor Allem ist dies nicht nur erlaubt, sondern auch absolut notwendig!

4.3 Ungerechtigkeit

Manche Menschen erleben Horror und sind von vornherein benachteiligt, andere Menschen wachsen relativ wohlbehütet auf. Es macht wütend, zu sehen, was passiert ist, wie schrecklich die Vergangenheit war und das Leben heute noch ist, und es macht wütend, das Leid anderer zu sehen, die auch viel aushalten müssen. Andere Traumatisierte, Kranke, Einsame, hungernde Menschen, Krieg und Kriminalität.

Solange Wut empfunden werden kann ist auch Leben da, aber wenn Wut maßlos wird vernichtet sie die eigene Identität wie ein nach außen grenzenloser Schwamm, der keine Trennung zwischen sich und seiner Umwelt findet. So kann Maßlosigkeit auch Selbstvernichtung bedeuten. Wut gehört gegen diejenigen Menschen, die die Gewalt verursacht haben aber nicht über die eigenen Grenzen hinweg. Zunächst ist das eigene Selbst alleine da, allein im eigenen Körper. Auch wenn er mit vielen geteilt wird, gehört dieser eigene Körper dem eigenem Selbst - und niemandem sonst. Dieser eine Körper braucht seinen Umfang. Seine Grenze.

Wie könnten die eigenen Bedürfnisse besser erfüllt werden? Wie kann Freude und Genuss erlebt werden? Welche Wünsche sind da und welche Ziele sollen erreicht werden? Wie sollte alles aussehen wenn alles in Ordnung wäre? Warum nicht ein erster Schritt dahin? Liebe und Leben kann nur im eigenen Ich sein. Im eigenen Körper.

4.4 Verantwortung für sich selbst

Einer der wichtigsten Aspekte ist während des gesamten Lebens der Aspekt der Verantwortung. Ohne für sich selbst verantwortlich einzutreten ist keine wirkliche Heilung möglich. Auch wenn der Wunsch, sich abzugeben, verständlicherweise riesengroß ist, ist dies Gift für das Erleben der eigenen Kompetenz und Verantwortlichkeit. Die Einstellung, nur andere könnten die eigenen Probleme lösen, ist normal, wenn auch Kinder das Verhalten bestimmen, aber gerade diese Kinder brauchen erwachsene Hilfe aus dem eigenen Selbst heraus. Selbstverantwortung bedeutet aber nicht, alle Probleme allein lösen zu müssen, sondern im Gegenteil, sich an bestimmte Stellen zu wenden, wenn nichts mehr geht, das System im Chaos ist und keine Lösungen mehr gefunden werden können oder gar Angst oder komplette Verwirrung und Amnesien jedes klare Denken unmöglich machen. Dann ist Hilfe wichtig und notwendig, aber auch, diese in Anspruch zu nehmen. Manchmal sind die negativen Erfahrungen so präsent, dass es unmöglich erscheint, sich an andere zu wenden. Dies ist in extremen Krisen notwendig.

Nicht dürfen

Die meisten Täter setzen ihre Opfer verbal oder nonverbal sehr unter Druck. Missbrauchte Kinder lernen, dass der Missbrauch und sie selbst nicht ernst genommen werden, wenn sie von ihm und sich berichten. Dies verstärkt das Schweigen der Opfer zusätzlich. Die

Drohungen des Täters wirken manchmal bis ins Erwachsenenalter nach. Dies wirkt sich insbesondere bei multiplen missbrauchten Menschen negativ aus, weil die Drohungen häufig nicht bewusst sind, sondern in bestimmten Innenpersonen gespeichert sind, die nicht wissen, dass sie heute sprechen dürfen und dass ihnen heute geglaubt wird (was leider tatsächlich auch bei Erwachsenen manchmal immer noch nicht der Fall ist, s. "False Memories - Debatte" in den nachfolgenden Kapiteln). Aber auch, wenn bestimmte Menschen etwas nicht glauben wollen: Es ist trotzdem heute ERLAUBT über die Gewalt zu sprechen. Dies dürfen reale Kinder, Innenkinder und Erwachsene. NIEMAND kann einem anderen ein Sprechverbot erteilen. Niemand darf das und Geheimnisse über Gewalt u.ä. dürfen jederzeit „verraten" werden. An einer Beratungsstelle für missbrauchte Kinder, Jugendliche und Frauen, wie „Notruf" o.ä. gibt es Ansprechpartner, mit denen völlig gefahrlos und - wenn man möchte - auch folgenlos über die Gewalt gesprochen werden kann. Mit diesen kann dann ggf. an einer Änderung der Situation gearbeitet werden.

Falls keine DIS und kein ritueller Kontext vorliegt: Wer aktuell noch missbraucht wird, sollte nicht zögern, eine solche Beratungsstelle oder eine/n Psychologen/In aufzusuchen, auch wenn der Täter sagt, der Missbrauch sei nicht so schlimm, man selbst denkt, es sei nicht so schlimm oder „richtiger Missbrauch" müsse doch anders sein. Auch wenn der Täter droht, kann er nichts ausrichten, wenn er noch gar nicht weiß, dass eine Beratungsstelle oder eine andere Helferin / ein anderer Helfer informiert wurden. Beschließt man, ihn durch eine solche Mitteilung unter Druck zu setzen, sollte vorher abgecheckt werden, ob die Reaktion zu massiverer Gewalt führen könnte und eine alternative Wohnung oder andere Sicherheitsmaßnahmen zur Verfügung stehen. Es gibt aber auch Täter, die sich nach einer Veröffentlichung des Missbrauchs zurückziehen, um eine Anzeige zu umgehen. Manche Drohungen entsprechen nicht der Realität (z.B. dass die Mutter ins Gefängnis kommt oder stirbt), manche führt der Täter aus vielerlei Gründen nicht aus, auch wenn er es sagt.

Bei rituellem Missbrauch in satanischen Kulten oder anderen Sekten/Vereinigungen ist die Gewalt und die Bedrohung bis ins Erwachsenenalter oft noch so akut, dass ein Ausbrechen nicht so einfach möglich ist und erst in einem langwierigen Prozess gelingt. Dafür ist dringlichst ein/e mit DIS erfahrener Therapeut/in oder eine Ausstiegsbegleitung erforderlich, neben dem was an eigenen Fluchtkräften zur Verfügung steht. Solche Helfer sind leider immer noch sehr schwer zu finden und die einzige Lösung ist bei der Suche dennoch nicht aufzugeben. Es gibt mittlerweile das Beratungstelefon „Berta", an das sich Betroffene wenden können, s. Anhang des Buches.

4.5 Schuldgefühle

Selbstzerstörerische oder zerstörerische Persönlichkeitsanteile können Schuldgefühle auslösen. Diese Anteile sind aber nicht nur negativ oder böse oder schlecht. Es sind Anteile, die Aspekte von den Tätern übernommen haben, im Glauben, dies sei richtig und es gebe keine besseren Aspekte in der Welt als die, die in der negativen begrenzten Wahrnehmung stattfinden. Böse Anteile zu haben ist nicht böse. Schuld entsteht erst dann, wenn diese Anteile mit fremdschädigenden Verhaltensweisen beginnen und jemand hätte eingreifen können, das aber nicht getan hat. Gedanken voller Hass sind noch keine Schuld. Oftmals schützen diese Anteile das Gesamtsystem vor einer allzu großen Überflutung mit Traumata und gaben in der Vergangenheit Schutz vor dem Täter / der Täterin/den Tätern. Sie gehören nicht weg, sondern dazu.

Täter suggerieren dem Opfer Schuldgefühle für alles mögliche ein, manchmal sogar das Schuldgefühl, überhaupt geboren worden zu sein. Jeder multiple Mensch wird von solchen Schuldgefühlen stark geschädigt, und er fühlt sich für Dinge verantwortlich, für die er gar nicht verantwortlich sein konnte. Es kann Jahre dauern, die Suggestionen des Täters/der Täter loszuwerden und sich selbst lieben zu lernen. Ironischerweise wird von einem erwachsenen Menschen geradezu gefordert, dass er sich gut vertreten und lieben kann. Es gibt wohl kein Rezept, dies zu lernen, aber ich denke jede/r kann sich täglich dazu entschließen ob er / sie sich auf die Seite des eigenen Selbst und der eigenen Rechte stellt. Es ist keine Frage, ob dies erlaubt ist. Es ist eine Selbstverständlichkeit, die Multiple unter Folterbedingungen nur nie kennen gelernt haben.

4.6 Selbstverletzung/Sucht/Destruktive Persönlichkeiten

Innerhalb jedes multiplen Systems gibt es destruktive Persönlichkeiten, die sich möglicherweise sozial auffällig verhalten oder aggressiv und zerstörerisch sind. Für jeden multiplen Menschen ist es sehr wichtig, diese Persönlichkeiten annehmen zu können und dies zu dürfen und nicht, sie wegdrängen zu müssen. Gerade destruktive Persönlichkeiten haben oft eine wichtige Schutzfunktion für das gesamte Persönlichkeitssystem. Oftmals wollen sie nicht der Umwelt schaden, sondern das System vor schädlichen Einflüssen schützen. Deshalb sind diese Persönlichkeiten nicht böse. Innerhalb einer Therapie ist es wichtig, mit diesen Persönlichkeiten zu arbeiten und ihnen zu helfen, destruktive oder selbstdestruktive Verhaltensmuster aufzugeben. Oftmals haben die Persönlichkeiten überhaupt keine andere Wahrnehmung, als die, in der sie sich befinden. Sie kennen nichts anderes als Destruktivität. Sie kennen auch keine alternativen Handlungsmöglichkeiten, wenn sie keinen Zugang zu anderen Persönlichkeiten haben, die eine andere soziale Kompetenz haben. Deshalb muss diesen Persönlichkeiten in der Therapie auch klar gemacht werden, warum Destruktivität negativ ist und was dagegen getan werden kann und wie alternatives Verhalten aussieht. Wenn die destruktive Tätigkeit so groß ist, dass Gewalttaten, insbesondere an Kindern verübt werden, müssen die Kinder vor dem multiplen Menschen geschützt werden. Dies heißt jedoch nicht, dass alle multiplen Menschen gewaltbereit sind. Viele Menschen mit DIS sind trotz destruktiver Innenpersonen sehr vorsichtig und respektvoll im Umgang mit anderen Menschen, gerade weil sie so viel Gewalt erlebt haben.

Destruktive Innenpersonen möchten häufig nur auf die Gewalt aufmerksam machen, das eigene System schockieren, um die Traumata nicht aufwallen zu lassen aber nicht schaden, weder dem System noch anderen, auch wenn sie es sagen.

Täterstrukturen

Häufig werden Täterstrukturen mit ins Erwachsenendasein genommen, die in Verhaltensmustern oder in einzelnen Täteranteilen deutlich werden. Meistens werden diese deutlich negativen Personen von vielen anderen im System abgelehnt, damit aber auch nicht in die Verantwortung genommen. Je abgespaltener die negativ handelnden Personen sind, desto eher können sie Schaden anrichten. Deshalb ist es wichtig, sich auch den negativ handelnden Personen im Inneren zuzuwenden, mit ihnen zu kommunizieren und sie zu positiveren Verhaltensweisen zu bewegen und für die negativen Verhaltensweisen zurechtzuweisen, jedoch ohne ihre Feindschaft auszulösen. Täterstrukturen sind aber nicht nur in einzelnen abgespaltenen Persönlichkeiten zu finden, sondern können auch unterschwellig auf das Verhalten mehrerer Personen im System wirken, ohne dass dies bewusst wird. Wichtig ist hierbei unterscheiden zu lernen: Wer bin ICH und welche Aspekte wurden vom Täter gelernt - und sich dann bewusst zu machen, auf welche Dinge Muster des Täters/der Täterin/der Täter noch heute wirken, auch Kleinigkeiten, die nicht deutlich sind aber unterschwellig stärker wirken als wahrgenommen, z.B. Schuldgefühle beim Einkaufen etc..

4.7 Ohne Weiterleben geht es nicht

Im Laufe des Heilungsprozesse gibt es möglicherweise Zeiten, in denen alle Anstrengungen, sich zu heilen, nutzlos erscheinen und ein Zurückfallen dem anderen folgt. Starke Depressionen können auftauchen, wenn die erlebte Gewalt realisiert wird, ebenfalls aber auch als Reaktion auf die Erkrankung und deren Auswirkungen. Manchmal erscheint es unmöglich, weiter zu leben, weil die Erkrankung und die Traumata nicht mehr erträglich scheinen. Und noch schwieriger ist es, sich in solchen Momenten davon zu überzeugen, weiter zu leben, weil der Sinn und der Gewinn der Heilung nicht erkennbar sind. Genauso schwierig ist es möglicherweise, sich von anderen Menschen, die nicht multipel sind, überzeugen zu lassen, dass es sich lohnt, weiter zu leben.

Wenn eine Verzweiflung so groß geworden ist, kann es Sinn machen, darüber nachzudenken welche Dinge im eigenen Leben besonders wichtig sind. Welche Ziele gibt es momentan oder sollen noch erreicht werden? Dabei sollten diese Ziele aber auch erreichbar sein, sie sollten weder über- noch unterfordern. Auch wenn man multipel ist, existieren viele vielleicht sogar besonders viele Fähigkeiten, die für die eigene Heilung und vielleicht auch andere Themen eingesetzt werden können. Auch wenn die Welt oft eher schrecklich wirkt, ungerecht, unfair oder ausbeuterisch, werden gerade dann ganz besondere Menschen gebraucht, um sie nur ein klein wenig besser zu machen. Multiple Menschen sind etwas Besonderes.

Es gibt immer wieder Momente, die schön sind und in denen Glück erlebt werden kann. Niemand ist oder kann 24 Stunden nur unglücklich sein. Wenn diese Momente in die Seele dringen dürfen, kann sie sich weiten, und es ist möglich, sich als Mensch zu entfalten. Wenn die Wahrnehmung bei den guten Dingen liegt und nicht nur bei den schlechten, hat das Schlechte keine Chance, die eigene Seele zu zerstören. Ein einziger Moment kann genossen werden für ein ganzes Leben, kann festgehalten werden, damit er niemals mehr vergessen wird. Ein Mensch, der zerstört werden sollte aber nicht zerstört wurde, ist schon in sich ein kleiner Baum der blühen darf. Heute.

Warum könnte das Leben JETZT glücklich machen?

Weil die Vergangenheit vorbei ist?
Weil eine eigene Wohnung den Freiraum lässt, zu tun, was man möchte?
Weil sich in der Wohnung eine neue Blume entfaltet?
Weil man von einem Tier oder Freunden geliebt wird, so wie man ist?
Weil in einer Kuschelecke einige Stofftiere warten?
Weil heute das Eis so gut schmeckte?
Weil ein Tier zu beobachten war oder die Natur?
Weil Musik sich wie Salbe auf die Wunden legt?
Weil es heute erlaubt ist, zu spielen und Kinderhörspiele etc. zu hören?

Um glücklich zu sein, braucht es nicht eine Änderung der Welt. Glück kann in sich selbst liegen, unabhängig vom äußeren Leid, und dazu braucht es keine großen Veränderungen. Dazu ist weder Anstrengung, noch ein Kraftakt notwendig. Wenn das geschieht, was JETZT das eigene Bedürfnis ist, auch wenn das zu Beginn noch nicht immer zu spüren oder möglich ist. Nur das. Reicht.

Leben kann gelernt werden. Genau wie sterben. Multipel zu werden, war der erste Schritt ins Leben. Und die eigene Entscheidung. FÜR das Leben. Das unter Extrembedingungen, in denen das Leben tagtäglich unmöglich schien. Aber eines ist nötig: Sich selbst endlich ernst zu nehmen.

Wenn massive Selbstmordgedanken auftauchen, ist es oft hilfreich, mit jemandem darüber zu sprechen, wenn es jemanden gibt der/die das verstehen und gut damit umgehen kann. Es ist wichtig, sich Hilfe zu suchen, auch bei „Professionellen", wenn nichts mehr geht und der Alltag nicht mehr läuft. Im Extremfall kann auch ein kurzer Psychiatrieaufenthalt sinnvoll sein, wenn die Psychiatrie für DISler akzeptabel ist (Das ist nicht immer so). Wenn Antidepressiva einen guten Effekt haben, ist auch deren Anwendung für eine solche Zeit sinnvoll. Es kann sehr schwer sein, zu lernen, sich selbst zu versorgen, ist aber uneingeschränkt erlaubt☺. Es kann Zeit brauchen, zu spüren, dass man auch sich selbst liebt und lieben darf.

Schlimmer werden kann weder das Multipel sein noch die vergangenen Traumata.

Vertrauen in sich selbst und die anderen in sich kann irgendwann dazu führen, die eigene Liebe zu spüren, statt Zerstörung und Hass. DIS ist heilbar. Viele kleine Wunder können zu einem großen führen. Das erste – multipel zu werden - wurde schon vollbracht.

Der Schneemann

Ich habe ihn vor mir gesehen als er schon reden konnte.
Ich war sieben, und habe ihm eine Mohrrübe als Nase
gegeben.
Ich stupste sie an, weil ich versuchen wollte, etwas zu
erwirken
- Rede.
Meine Schaffenskraft war aber viel zu gering, um wirklich zu
verstehen was in dem Schneemann steckte.
Deshalb habe ich ihn aufgebaut,
Ballen für Ballen,
Bis er so groß war wie ich.

4.7.1 Programme

Manche Täter suggerieren Multiplen Programme ein, mit denen Erinnerungen gehemmt, Schmerzen erlebt und die Therapie gestört werden soll. Durch die Bewusstmachung dieser Programme können diese bearbeitet werden. Dies sollte aber nicht ohne gute therapeutische Unterstützung geschehen.

Programme können gefährlich werden und immer wieder kommt es vor, dass z.B. Todesprogramme zu ungewolltem Selbstmord führen. Es wäre absolut unzulässig, hier genauere Methoden zur Bewältigung oder gar Auflösung von Programmen aufzuführen.

Ich kann lediglich aus eigener Erfahrung heraus den Ratschlag formulieren, zu versuchen, jegliche Emotionen, wie Angst und Panik, Schmerz , Verzweiflung und Trauer und Wut besser kontrollieren zu lernen, weil Programme auch durch extreme Emotionen verstärkt oder ausgelöst werden können. Klingt toller als es machbar ist...

TUT ES **NICHT!**

Programme haben oft die Dynamik, etwas dringend und jetzt sofort tun zu müssen. Der Druck kann dann in unerträgliche Bereiche gehen. Egal was es ist, Selbstverletzung, Selbstmord, fluchtartig wegfahren, zu den Tätern fahren, sich bei den Tätern melden...versucht diese Impulse zu kontrollieren und NICHT in die Personen zu switchen, die diesen Drang ausführen wollen. Und solange dieser Druck da ist, eines von diesen Dingen zu tun: tut es NICHT und NIE. Wenn der akute Druck weg und die Lage wieder stabil ist, ist es möglich, sich noch mal in Ruhe mit dem Inhalt des Programms zu befassen. In der Regel ist dazu therapeutische Hilfe sinnvoll oder sogar erforderlich, allerdings nur, wenn sich die Therapeutin/der Therapeut mit der Thematik auskennt.

4.7.2 Dringlicher Hinweis an die Fachwelt:

Der äußere Schein

Viele Multiple sind nach außen hochfunktional und schaffen in ihrem Alltag so Einiges. Häufig bricht diese Funktionalität in und nach Erinnerungsphasen zusammen. Multiple haben gelernt, nach außen völlig normal zu wirken, evtl. sogar noch fit und vital. Dies ist aber nur stundenweise z.B. bei der Arbeit möglich – solange die Situation anhält, die es erfordert, normal zu wirken - danach und wieder alleine ist die Krise umso größer je anstrengender die „Schauspielerei" nach außen war. In der Regel werden bestimmte Persönlichkeiten erschaffen, um so eine Situation zu bewältigen.

Fast alle Multiplen werden in der Leistungsfähigkeit deshalb komplett überschätzt, auch von Fachleuten, die sich mit DIS nicht auskennen. Die wirkliche innere Verzweiflung wird häufig nicht erkannt oder ernst genug genommen. Auch Betroffene, die noch regelmäßig in Kultaktivitäten involviert sind und z.B. regelmäßig vergewaltigt werden, können stundenweise komplett normal, gesund und fröhlich wirken. Wer lacht, dem geht es gut...

Normale Selbstmordgedanken vs. Programme

Bei Multiplen ist es außerordentlich wichtig, herauszufinden, ob Selbstmordhandlungen oder -gedanken durch Programme ausgelöst sein könnten. Im Ggs. zu "normalen" Selbstmordphasen ist es bei programmierten Multiplen möglich, dass durch einen Kult oder eine

Sekte bestimmte Persönlichkeiten durch Folter herangezüchtet werden, die auf einen Auslöser hin, der durch Fremdpersonen gegeben wird, bestimmte Handlungen durchführen. Dadurch ist es auch möglich, bestimmte Innenpersonen darauf zu konditionieren, dass sie Selbstmordhandlungen durchführen. Dies ist auch dann möglich, wenn andere Innenpersonen den Selbstmord überhaupt nicht wollen. Der/die Multiple kann seine/ihre Handlungen dann nicht mehr steuern, wenn bestimmte Innenpersonen angetriggert werden. Gerade Akutpsychiatrien oder psychiatrische Notdienste sollten mit dieser Problematik vertraut sein, sind es in der Regel aber nicht. Es ist möglich, dass Multiple sich ganz sicher sind, dass sie nicht sterben wollen, 5 Minuten später aber eine andere Innenperson angetriggert werden kann, die z.B. einen Selbstmord durchführt.

Diese Problematik ist mit den "üblichen" Selbstmordschemata nicht zu vergleichen und anders zu behandeln. Gut wäre es, wenn sich Psychiater in Akutpsychiatrien oder an ähnlichen Stellen mit den ambulanten Bezugspersonen (wenn vorhanden) austauschen würden, um eine akute Gefahrensituation richtig einschätzen zu können.

Allerdings möchte ich Betroffenen mit diesen Ausführungen keine Angst machen. Es sind auch in starken Krisen meistens Persönlichkeiten mit aktiv, die das System dann wieder erfolgreich schützen wollen und können und einspringen, bevor etwas passiert. Dennoch sollten gerade in Akutpsychiatrien die Programmdynamiken idealerweise bekannt sein. Bisher ist das kaum der Fall.

4.8 Kleine Veränderungen

Manche Dinge, z.B. die Diagnose DIS, können eine übermächtige Wirkung haben. Eine übermächtige Wirkung mit dem Gefühl des ausgeliefert Seins. Ausgeliefert der Störung, dem Schmerz, der mit den Traumata verbunden ist, dem Schmerz der Realisierung. Durch ungewollte Zeitverluste und Aktivitäten kann ein Gefühl der Hilflosigkeit und Hoffnungslosigkeit entstehen. Dabei wird häufig die Bedeutung kleiner Dinge vergessen und auch deren wenn auch noch so kleine Wirkung. Eine körperlich verschleppte Erkrankung kann körperliche Schmerzen verursachen und das psychische Wohlbefinden beeinträchtigen. Aktivitätsmangel und zu wenig Schlaf und Ruhe ebenfalls. Eine ungesunde Ernährung kann schlapp und müde machen und sich selbst zu verachten kann massiven Druck verursachen.

Das Erleben von Übermacht kann durch das Leben kleiner Dinge zumindest in Frage gestellt werden, so dass übermächtige Dinge an Bedeutung verlieren können. Wenn heute die eine Minute, die man mit sich selbst erfüllt verbringen konnte, bedeutsamer wird, als die Gesetzmäßigkeiten, die Leid verursachen und zerstören, können die gewaltsamen Dinge nicht mehr zerstörerisch sein.

Der Wecker klingelt. Ich sehe auf die Uhr. Ich komme nicht aus dem Bett. Ich bleibe am besten liegen, es hat sowieso alles keinen Zweck. Dennoch spüre ich eine gewisse Regung. Immerhin wäre in Kaffee nicht schlecht. Auch kein Brötchen mit Nuss - Nougat Creme.

Und wenn ich nur dafür aufstehe und mich danach wieder hinlege habe ich wenigstens schon etwas vollbracht.

Ich sitze entspannt in meinem Sessel schalte den Fernseher an und stelle fest, dass ich an diesem Morgen nicht der einzige Mensch auf der Welt bin, der aufgestanden ist. Ich frage mich, was das mit mir zu tun hat und welchen Sinn das haben soll aber es wird schon einen haben.

Ich schlürfe meinen Kaffee und gehe den Tag durch. Ich überlege, ob es sinnvoller ist, den Tag in der Wohnung zu verbringen oder hinaus zu gehen. Ich stelle fest, ich bin zu erledigt, um aus dem Haus zu gehen. Also bleibe ich sitzen und warte auf eine Besserung.

Schließlich regt sich mein Körper doch und ich beschließe, wenn ich denn schon existiere, dass es keine sehr sinnvolle Tätigkeit ist, sitzen zu bleiben. Ich räume die Wohnung auf. Zumindest fange ich damit an.

Wenn es hoch kommt ziehe ich mir doch die Jacke an und gehe einer Aktivität außerhalb der Wohnung nach, um festzustellen, dass ich dies viel früher hätte tun sollen, um es am nächsten Morgen zu vergessen. Dennoch habe ich auf einem Spaziergang zwischen meinen Aktivitäten eine Pflanze gefunden, die ich mir ins Glas stellen kann.

Nur ein Tag

Versuche es nur einen Tag,
Nie vor, nie nach einem Tag.
Versuche es nur einen Tag.

Sei nur ein Tag an dem Du bist.
Du bist und Du bist nicht vergessen,
Du bist nicht vergessen,
Du bist niemals nie.

Nie mehr hinauf in die Weite des Universums,
Die Dich vergisst,
Wer Du bist,
In Dir allein
- S – ein,
Lass s-ein,
Nur ein Tag,
Einmal Du,
Du

5. Angst

Angst ist wohl eine der bedeutsamsten Empfindungen eines multiplen Menschen. Es gibt sehr viele unterschiedlichen Arten und Formen von Ängsten.

Reale *Angst* entsteht aus erlebten Traumata, oftmals Todesnäheerfahrungen. In so einer Situation ist Angst ein wichtiger Schutz und dient dazu, dem Körper wichtige Angriff - oder Fluchtenergien zur Verfügung zu stellen. Mit so viel gelernter Angst treten auch später im Leben immer wieder extreme Angstgefühle auf, häufig oftmals in – dann - harmlosen Situationen. Angst kann sich ihren Weg bahnen, wenn Erinnerungen an die Gewalt auftauchen oder wenn Situationen an die Gewalt erinnern. Wenn immer noch Täterkontakt bzw. eine ernsthafte Bedrohung durch den Täter/die Täter bestehen, ist Angst sinnvoll und wichtig, um Energie zu geben und der Situation zu entkommen.

5.1 Erinnerungen und Flashbacks

Häufig tritt Angst in Situationen auf, die an die Traumata erinnern, die aber eigentlich sicher sind. In dem Fall ist es sehr wichtig, sich bewusst zu machen, in welcher Situation befinde ich mich, ist es hier gefährlich, was könnte gefährlich sein und warum ist es nicht gefährlich? Manchmal helfen auch bewusste Entspannungsversuche, wie entspanntes Ein- und Ausatmen oder körperliche Bewegung. Wenn ein Trauma erinnert wird, ist es oftmals hilfreich, sich vorzustellen, es befände sich weit weg, vielleicht am Horizont oder in einem Fernseher, den man selbst ein- und ausschalten kann, wie man möchte. Es erfordert etwas Übung, sich ein Trauma weit weg vorzustellen, aber wenn dies gelingt, ist dies eine große Hilfe, wenn immer wieder Flashbacks auftauchen. Auch hilft es manchmal, die Inhalte eines Traumas durch Vorstellung zu verändern, d.h. ein immer wiederkehrendes Erinnerungsbild durch Vorstellung einen Ausklang geben zu lassen, indem man sich selbst in eine machtvollere überlegene Position gegenüber dem Täter stellt und so dass Traumabild manipuliert. Für Vertreter der „False Memory" - Debatte sei an dieser Stelle gesagt, dass ich die Manipulation eines Traumabildes zu Therapiezwecken für wichtiger erachte, als die detailgetreue Erinnerung.

Reorientierung nach einem Flashback

Versuchen, den Körper zu entspannen

Den Körper abklopfen

Mit den Füßen aufstampfen

Spazieren gehen

Riechfläschchen bereit halten, z.B. mit Ammoniak

Musik hören

Schreiben

Sich bewusst machen, welches Datum und welches Jahr gerade ist

Etwas Scharfes essen

Innen Helferperson auf den Plan rufen

Augen offen halten

Beschreibung, was in der Umgebung wahrgenommen wird:

Was hört man?

Was sieht man?

Was riecht man?

Was schmeckt man?

Was fühlt man?

Kaltes Wasser über die Arme laufen lassen

Etwas in die Hand nehmen, z.B. Igelball, Klangkugeln, Steine etc..

Macht Euch selbst eine Liste, was in so einem Fall helfen könnte.

5.2 Generalisiere Angstzustände/Panikattacken

Häufig können Angstsymptome scheinbar ohne Grund auftreten, ein Auslöser oder eine Traumaerinnerung sind dann nicht erkennbar. Besonders groß ist die Angst vor einem Wiederauftreten der Angst, die Angst vor einem Kontrollverlust oder die Angst, verrückt zu werden. Auch solche Angstzustände haben häufig einen Auslöser, der aber oft nicht identifiziert werden kann. Deshalb ist es sinnvoll, einmal zu prüfen, welche Situationen oder Gedanken der Angstsituation vorausgegangen sind, wenn dies möglich ist. Mit den identifizierten Auslösern kann man sich dann weiter beschäftigen. Manchmal hilft es auch, sich vorzustellen, was im schlimmsten Fall eintreten könnte und sich dies intensiv auszumalen. Manchmal kann dann bewusst werden, welche Ängste unrealistisch sind.

Angst kann nicht töten, sie ist nur eine sehr unangenehme Empfindung aber nicht an sich gefährlich. Oft legen sich Angstsymptome auch mit der Bearbeitung der zugrundeliegenden Traumata. Je mehr Abwehr zwischen den eigenen Kernen und den Traumata besteht, desto größer ist auch die generalisierte Angst. Deshalb ist eine vorsichtige Traumabearbeitung bei ausreichender Stabilität sehr wichtig.

5.3 Ängste, die eindeutige Auslöser haben

Manche Ängste sind deutlich an einen Auslöser gekoppelt. Diese Auslöser können Situationen, z.b. freie Plätze, Brücken, Insekten, Sozialangst o.ä.. sein.

Generell wird empfohlen, Ängsten, die keine wirklichen Gefahrensituationen darstellen, entgegenzutreten und sich ihnen in abgestuften Schwierigkeitsgraden zu stellen. Dabei darf die Angst jedoch nicht das Ausmaß des Erträglichen überschreiten. Sich Ängsten zu stellen, ist sehr sehr wichtig, weil sie sich sonst verstärken und immer schlimmer werden. Dabei sollten zunächst kleine Ziele angestrebt werden. Bei einer großen Angst vor anderen Menschen können z.b. zunächst leichtere Aufgaben, wie chatten oder telefonieren oder die Vermeidung sehr naher Gespräche bewältigt werden, und der Kontakt kann dann, wenn chatten oder telefonieren angstfrei möglich sind, intensiviert werden. Dieses Vorgehen des stufenweisen Annäherns an Angstsituationen jeglicher Art ist die beste Möglichkeit, Ängste zu reduzieren oder zum Verschwinden zu bringen. Multiple Menschen reagieren in einer angstbesetzten Situation häufig mit Persönlichkeitswechseln. Deshalb sollte bei der Konfrontation mit Angstsituationen ein besonders vorsichtiges Vorgehen gewählt werden, damit die Person, die die Ängste hat, auch dableiben und diese bewältigen kann. Zunächst kann es schon hilfreich sein, sich eine Annäherung an eine Angstsituation in stufenweisem Schweregrad vorzustellen und sich, sobald Angst auftritt, mit der Hilfe von Imaginationsübungen (Phantasiereisen, Progressive Muskelentspannung,

Autogenes Training o.ä.) zu entspannen. Ein Angstbewältigungstraining sollte mit der Hilfe eines Therapeuten durchgeführt werden, deshalb werden die Techniken hier nicht genauer beschrieben.

Diese Methoden sind aber nur eine oberflächliche therapeutische Hilfe. Die eigentlichen Ziele in einer DIS – Therapie sind sehr viel vielfältiger und die Verbesserung der DIS - Problematik kann nur eine umfassende DIS - Therapie leisten.

Im folgenden eine Geschichte, die bei der Bewältigung von Angst helfen kann. Sie wurde nicht speziell für multiple Menschen geschrieben und ist für alle älteren Multikinder, Kinder und Erwachsene ab 6 Jahren geeignet.

Nur keine Angst!

Julian stand vor einer riesigen dunklen Höhle. Er war auf dem Weg zu einer wunderschönen grünen Wiese. Auf dieser Wiese waren auch seine Freunde und seine Eltern undmit warteten auf ihn. Julian war ganz allein aufgebrochen, um im Wald Pilze zu suchen, die er am Abend mit seinen Eltern kochen wollte. Dabei hatte er sich verlaufen und musste nun einen anderen Weg gehen, als den, über den er in den Wald gekommen war. Und der einzige Weg, der ihm für den Rückweg blieb, war der durch die dunkle Höhle.

So stand er vor dem düsteren Eingang, und sein Herz klopfte wie wild. Seine Beine zitterten und seine Hände waren ganz feucht. Julian wusste überhaupt nicht, was mit ihm los war. Es war ganz neu für ihn, dass er eine schwierige Lage ganz allein bewältigen musste. Bisher konnte er immer seine Eltern um Rat fragen, aber nun ging das nicht. Im Bauch hatte Julian ein ganz komisches kribbelndes Gefühl. Am liebsten wäre er weggelaufen und wünschte sich, nie allein in den Wald gegangen zu sein und sich von den anderen nicht so weit entfernt zu haben. Er wusste nicht, was er tun sollte.

Julian setzte sich auf einen Stein und beschloss, sich erst einmal auszuruhen. Er hatte das Gefühl, wenn er ein wenig darüber nachdachte, was er tun könne, fände er bestimmt noch einen anderen Weg zurück zu der Wiese, als den durch die Höhle. Julian schloss die Augen und atmete ganz tief durch. Einmal tief ein. Einmal tief aus. Immer und immer wieder bis er das Gefühl hatte, dass das Kribbeln im Bauch ein wenig besser geworden war. Als er so die Augen geschlossen hatte, sah er die Wiese vor den Augen zu der er zurückkehren wollte. In der Phantasie sah sie noch viel schöner aus als sie in Wirklichkeit war. Die Sonne war viel wärmer, die Farben viel bunter. Immer stärker wurde er von der warmen Sonne gewärmt je intensiver er an die Wiese dachte. Er wurde immer ruhiger, der Körper fühlte sich jetzt ganz ruhig an und er spürte ihn viel besser. Julian fing an, sich zu freuen, weil er wusste, welchen Weg er gehen musste, der ihn zu der Wiese zurückbrachte. Er hatte sich zwar auf dem Weg in den Wald verlaufen, aber auf dem Rückweg wusste, spürte er die richtige Richtung in sich selbst. Warum es dazu kam, wusste Julian selbst nicht genau. So versuchte er, sich zu erinnern, was er getan hatte, um den richtigen Weg wiederzufinden.

Er erinnerte sich an seinen Weg in den Wald. Fröhlich hatte er seinen Eltern noch zugewinkt und war eilig dem Pfad gefolgt von dem er wusste, dass dieser ihn zu einer Stelle führen würde, an der viele Pilze wuchsen. Nachdem er einige Zeit gelaufen war, fand er die Stelle und kniete sich auf den Waldboden um die Pilze zu untersuchen. Er wusste, dass es sehr gefährlich war, wenn er giftige Pilze sammelte. Als Julian sich daran erinnerte, fiel ihm auf, dass es gar nicht immer so schlecht war, ein Kribbeln im Bauch zu haben. Und plötzlich fiel ihm auch ein, wie dieses Kribbeln hieß. Es hieß Angst. Julian war ganz erleichtert, als er den Grund für seine Aufregung gefunden hatte. Er fragte sich, warum er eigentlich nicht öfter Angst hatte, weil es doch viele Situationen gab, die gefährlich werden konnten. Wenn er die Pilze vom Waldboden aß ohne sie vorher zu kochen, konnte er davon krank werden und Bauchschmerzen kriegen, und wenn er nicht seinen Vater fragte, ob er die richtigen Pilze gepflückt hatte, könnte sich ein giftiger Pilz ins Essen mischen und auch dann bekäme er Bauchschmerzen und würde krank. Also war es doch eigentlich manchmal ganz gut Angst zu haben. Weil er Angst hatte, konnte ihm nichts passieren, denn die Angst schützte ihn, etwas zu tun, was gefährlich sein könnte. „Pilze einfach zu kochen IST gefährlich." dachte Julian und ihm fiel auf, dass es noch viele weitere Situationen gab, die gefährlich sein könnten. Und er überlegte weiter:

Welche Situationen sind gefährlich und in welchen Situationen ist es gut, Angst zu haben?

Julian listete im Geiste folgende gefährliche Dinge auf:

1. Hinter einem Ball herzulaufen und ohne nach links und rechts zu sehen auf die Straße laufen.

2. Bei rot über eine Ampel gehen.

3. Eine Beere von einem Strauch essen, die man nicht kennt.

4. Mit einem Fremden mitgehen.

5. Sich bei Gewitter unter einen Baum stellen.

6. Auf eine Herdplatte fassen.

7. Die Seiten in einem heißen Backofen berühren.

8. Mit Feuer spielen.

Welche Dinge könnten noch gefährlich sein? Wenn Euch etwas einfällt, schreibt es einfach auf oder erzählt es Euren Eltern oder Erziehern, und wenn Ihr möchtet, sprecht mit ihnen darüber, wie Ihr Euch vor den gefährlichen Dingen schützen könnt. Was könnt Ihr tun, wenn Ihr gefährlichen Dingen begegnet?

Nachdem Julian eine ganze Menge Situationen eingefallen waren, kehrte er mit seinen Gedanken zu der Stelle zurück an der er die Pilze gesucht hatte. Sorgfältig hatte er untersucht, ob auch keine giftigen Pilze dabei waren, und er wusste, dass er sie auf keinen Fall weder roh noch gekocht und ohne seine Eltern zu fragen kochen durfte. Aber er war schon so groß, dass er wusste, welche Pilze gefährlich sein konnten, sein Vater hatte es ihm gezeigt. Julian war schon ein richtiger Meister im Pilze suchen und Pilze finden. Er hatte scharfe Augen und fand jeden Pilz viel schneller als sein Vater. Darauf war er mächtig stolz. Er hatte etwas, was sein Vater nicht hatte, er war Schnellpilzfinder und niemand auf der Welt war so schnell wie er. Wenn er mit seinem Vater Pilze suchte, tat dieser nichts anderes als auf einem Baumstamm zu sitzen und Julian beim Pilze finden zu beobachten, und mit jedem gefunden Pilz wurde Julian immer vergnügter. Wenn er 10 Pilze gefunden hatte, bekam er zu Hause einen Schnellpilzfinderhut, den sein Vater ihm aus Papier bastelte.

So erinnerte sich Julian daran, wie gut er manche Dinge schon konnte und fühlte sich wohl mit sich selbst. Plötzlich fühlte er sich kräftig und stark und spürte gar keine Angst mehr. Er fragte sich, welche Dinge er noch gut konnte und welche Dinge seine Freunde ihm erzählen würden, wenn er sie fragte, was sie am Besten könnten.

In welchen Dingen bist Du am Besten?

Manchmal ist es gar nicht so leicht, so viele gute Dinge an sich selbst zu finden aber es lohnt sich, einmal gut darauf zu achten, wenn man sich klein, schwach oder ängstlich fühlt. Manchmal hat man einfach Angst, weil man sich selbst nicht mag, weil man glaubt, dumm oder hässlich zu sein oder alles falsch zu machen. Und dabei vergisst man manchmal die vielen tollen Dinge, die man gut kann und richtig macht. Wenn Du möchtest, schreib doch einfach mal 10 Fähigkeiten auf, die Du an Dir magst und spüre, wie Du Dich dabei fühlst. Fühlst Du Dich stärker als vorher?

Julian war in seinen Gedanken immer noch mit der Pilzsuche im Wald beschäftigt, gestärkt von der positiven Erinnerung an seine Fähigkeiten als Schnellpilzfinder. Er fand, dass er schon viele Situationen, in denen er Angst hatte, sehr gut bewältigt hatte, sich nur in dem Augenblick, in dem die Angst ganz groß war, sich gar nicht mehr daran erinnern konnte.

Julian saß nun aufrecht und frei auf seinem Stein und spürte plötzlich ein neues seltsames Gefühl in seinem Bauch. Es war so, als wäre sein Körper ein Baumstamm und seine Arme und Beine die Äste. Julian fing an zu lachen, als er sich vorstellte, wie er wohl als Baum aussähe, aber die Vorstellung half ihm, die Sicherheit wiederzufinden, die er gehabt hatte, als er einen neuen Weg durch den Wald suchen musste, nachdem er genug Pilze gesammelt hatte. Er war voller Freude durch den Wald gelaufen ohne so recht zu beachten, welchen Weg er für den Rückweg einschlagen musste. Irgendwann fiel ihm auf, dass ihm die Umgebung unbekannt vorkam und er den falschen Weg genommen hatte. Dieser Weg führte ihn nicht direkt zurück, sondern er führte vor die dunkle Höhle, die Julian nun durchqueren musste, um zurück zu der Wiese zu gelangen.

Woher wusste Julian, dass dieser Weg der richtige war um wieder auf die Wiese zurückzukehren?

Habt Ihr eine Idee? Bevor Ihr weiterlest, überlegt Euch einfach mal, warum Julian dies wusste. Warum weiß man den richtigen Weg, wenn man sich wie ein Baum fühlt?

Wenn man sich wie ein Baum fühlt, fühlt man sich stark und kräftig. Und ganz tief innen im Bauch ist alles so klar und gerade, dass man genau weiß was man tun muss. Es ist so, als flüstere der Baum einem zu, wenn man gar nicht weiterweiß. Und dieses Flüstern nennt man INNERE STIMME. Alle Menschen haben eine INNERE STIMME aber sehr viele Menschen vergessen, auch auf sie zu hören. Gerade wenn man Angst hat, ist das nicht leicht. Aber wenn man sich vorstellt, ein Baum zu sein, spürt man ganz schnell was er einem zuflüstert und weiß plötzlich auch, was man tun muss. Das ist gar nicht anstrengend. Eigentlich muss man nur zuhören, was der Baum innen einem sagt.

Genau dies tat Julian nun auch und seine INNERE STIMME sagte ihm, dass es gut für ihn sei, möglichst schnell die Höhle zu durchqueren, denn schließlich wollte er wieder zu seiner Wiese zurück kommen. Als Julian daran dachte, fühlte er sich wieder ganz unwohl, aber seine INNERE STIMME sagte ihm, dass es besser ist, etwas zu tun, wovor man Angst hat, wenn es Dinge sind, die gar nicht gefährlich sind. Julian wusste einfach, dass das richtig ist und die Angst noch viel viel größer würde, wenn er einfach auf seinem Stein sitzen bliebe. Das sagte ihm seine INNERE STIMME, auch wenn es ihn noch so sehr drängte einfach wegzulaufen. Er überlegte was geschehen würde, wenn er wirklich einfach weglaufen würde. Er würde nicht zu der Wiese zurückkehren können und hätte für immer Angst durch eine Höhle zu laufen. Er überlegte auch, dass es wichtig ist, zu unterscheiden, wann eine Situation gefährlich ist und wann nicht. Wenn sie gefährlich wäre, wäre es besser auf die Angst zu hören aber Julian wusste, dass es nicht wirklich gefährlich war, durch die Höhle zu laufen, denn die Höhle war nicht sehr lang, eigentlich - wenn er genau hinsah - gar nicht so lang wie er es sich vorgestellt hatte. Julian konnte das Ende der Höhle vom Eingang aus sehen, und eigentlich wusste er auch, dass in der Höhle keine gefährlichen Lebewesen waren. Aber dennoch hatte er so viel Angst vor der Dunkelheit, dass er sich alle möglichen Geister vorstellte, die ihn auf dem Weg durch die Höhle erschrecken könnten.

Kennt Ihr das, vor Dingen Angst zu haben, von denen ältere Menschen sagen, dass es sie gar nicht gibt?

Welche Dinge sind das? Dinge aus einem Film, den Ihr gesehen habt, Dinge die Euch andere Kinder erzählt haben, Dinge die in Eurem Kopf sind, die Ihr aber bisher noch nie mit den Augen vor Euch gesehen habt oder nur in einem Film? Wenn es solche Dinge gibt, die Euch Angst machen, fragt Eure Eltern oder andere Erwachsene, was dies für Dinge sind, ob sie gefährlich sind und ob sie sie Euch erklären können. Ihr dürft darüber sprechen, wenn Euch Dinge oder Geschehenisse Angst machen. Das ist sogar ganz wichtig, und deshalb darf Euch auch niemand auslachen. Wenn jemand so etwas tut, sprecht einfach mit einem anderen Erwachsenen über Eure Angst, der Euch ernst nimmt. Das kann jeder Erwachsene sein, den Ihr gern habt und mögt.

Manchmal kann es auch passieren, dass Erwachsene Dinge tun, die Angst machen und sagen, Ihr dürft nicht darüber sprechen oder wenn Ihr es tut, passiert etwas Schlimmes. Das stimmt nicht, und es ist dann ganz ganz wichtig mit jemandem, den Ihr mögt darüber zu sprechen, denn Angst vor einem Erwachsenen ist die schlimmste Angst. Dann hat immer der Erwachsene einen schlimmen Fehler gemacht aber nicht Ihr. Es gibt auch Erwachsene, die Euch nicht glauben, wenn etwas Schlimmes passiert ist. Es gibt also auch Erwachsene, die etwas falsch machen, nicht nur Kinder, und wenn Ihr in so einer Situation seid, dürft Ihr mit einem Erwachsenen, den Ihr gern habt, und vor dem Ihr keine Angst habt, darüber sprechen. Wenn Erwachsene etwas tun, was Angst macht, muss man nicht die Angst aushalten, sondern nur dann, wenn die INNERE STIMME sagt, dass etwas nicht wirklich gefährlich ist, z.B. eine dunkle Höhle zu durchqueren.

Julian wusste, dass es nicht gefährlich war durch die Höhle zu laufen. Deshalb stand er von seinem Stein auf und versuchte noch einmal, sich wie ein Baum zu fühlen. Und plötzlich wusste er, dass er auch wenn er noch Angst spürte, es schaffen würde, durch die Höhle zu gelangen. Zunächst lief er zaghaft los aber dann mit immer festeren Schritten durch die dunkle Höhle zu der Wiese. Er fühlte sich nicht mehr allein, weil er wusste, dass er selbst eine gute Lösung gefunden hatte und sich auf sich selbst und seine INNERE STIMME verlassen konnte. Er freute sich darüber und lief glücklich zum Ende der Höhle, die Sonne, die ihn dort erwartete, schien noch heller als vorher. Aber am Ende des Tunnels erwartete ihn eine Überraschung: Seine Eltern und Freunde spielten nicht fröhlich, wie erwartet, sondern waren sehr aufgeregt. Sie riefen seinen Namen und liefen immer hin und her. Verwundert schaute Julian ihnen zu und fragte sich, warum das so war. Und dann rief er laut: „Ihr habt wohl ziemliche Angst um mich gehabt!"

Für Kinder ab 6 Jahre

Joana Jane Bach

Exkurs: Krieg

Krieg in der Ukraine

Heute sind 6 Tage seit dem Beginn des Krieges in der Ukraine vergangen. Noch vor einer Woche hätte ich nie gedacht, dass ich jemals so einen Text schreiben müsste. Der Frieden in Europa war
doch eigentlich selbstverständlich, und man wusste, dass man hier
sicher war.

Natürlich gibt es seit dem Beginn der Menschheit und auch zu unseren Lebzeiten immer wieder Kriege, die uns betroffen gemacht haben, aber man hat es dann doch nicht so nah mit bekommen oder
war im jüngeren Alter noch zu viel mit dem eigenen Überleben beschäftigt. Zusätzlich lebte Europa seit 70 Jahren in Frieden, und man
hatte das Gefühl, dass dies nun auch so bleibt. Es ist tatsächlich derzeit nur ein Land, besser gesagt die diktatorische Führung eines
Landes auf dieser Erde, das diesen Krieg will und durchführt. Wie
um Gottes Willen kann es dann dazu kommen?

Das ähnelt den Strukturen bei ritueller Gewalt. Gewaltbereite wirklich
schwerst persönlichkeitsgestörte Menschen, Psychopathen, Narziss-
ten, antisoziale Menschen schaffen es immer wieder, andere Menschen von einem Glaubenssystem zu überzeugen, das die Gewalt
rechtfertigt. Die Menschen in Russland werden durch die Medien
derart manipuliert, dass sie z.T. gar nicht wissen, was wirklich in der
Ukraine passiert. Es wird als Aktion zur Sicherung des Friedens ver-
kauft, die Menschen werden von den wahren Informationen abge-
schottet, es wird gelogen, so gedreht, dass Russland sich aufgrund

von Gefahren, die so nicht existent sind, verteidigen muss. Es wird so hingestellt, dass Russland das Opfer ist, dem Unrecht getan wurde, wodurch die Gewalt gerechtfertigt wird. Nichts anderes tun Täter in anderen Bereichen. Die Logik oder auch Unlogik ist dieselbe.

Das macht uns wie rituelle Gewalt hilflos, fassungslos, wir sind entsetzt, traurig, wütend und verstehen einfach nicht, wie so etwas passieren kann. Und es macht uns Schuldgefühle, weil es andere betrifft und wir – mal wieder - nur zugucken können. Die Schuldgefühle bringen uns aber nicht weiter. Sie sind zwar völlig normal, aber auf Dauer müssen wir selbst bei Kräften bleiben, um diesen schrecklichen Dingen, die in der Welt passieren, etwas entgegensetzen zu können. Jeder auf seine Art und so wie er selbst kann. Wenn man selbst schwer beeinträchtigt ist, sind die Möglichkeiten da noch mal begrenzter, aber gerade dann ist es wichtig für sich selbst auch ausreichend zu sorgen. Wenn man nichts Großes tun kann, kann man kleine Dinge tun, wenn man Geld übrig hat etwas spenden oder auf Demos gehen. Je mehr Menschen kleine Dinge tun, desto größer werden diese kleinen Dinge im Resultat. Wenn 100000 Menschen demonstrieren hat das einen starken Effekt, zumindest die Ukraine bekommt so mit, wie viele Menschen im Herzen bei ihnen sind, und deshalb sind auch kleine Gesten nicht egal. Auch ich stehe vor Grenzen, wenn ich helfen will. Ich habe selbst kaum Geld, um etwas zu spenden, ich bin erkrankungsbedingt beeinträchtigt, so dass ich Managementaufgaben in der Flüchtlingshilfe sicher nicht gut bewältigen könnte, ich kann keine Flüchtlinge aufnehmen, weil ich nur eine kleine Wohnung habe. So bleibt es bisher nur bei dem Plan an Demos teilzunehmen, aber wenn jeder nur eine kleine Sache macht ist es in der Summe viel. Wenn sie jeder macht. Den Rest an Schuldgefühlen darf man dann auch hinter sich lassen. Wir haben den Krieg und das Leid nicht verursacht. Es sind nicht wir, die das gewollt haben, das war jemand anders. Wir haben nicht so viel Macht, dass wir einen Putin stürzen könnten o.ä. oder den Krieg beenden könnten. Selbst wenn wir es uns sehnlichst wünschen.

Deshalb ist es auch in diesen Zeiten wichtig, auf sich selbst zu achten, auch mal Pausen von den Nachrichten zu nehmen und vielleicht nicht heute aber in ein paar Wochen auch mal wieder fröhlich zu sein. Denn auch wir haben Unerträgliches ausgehalten.

Durch den Krieg entsteht bei Vielen auch die Angst vor einem 3. Weltkrieg und einem Atomkrieg, selbst wenn es als unwahrscheinlich eingeschätzt wird, dass es dazu kommt. Diese Angst kann lähmen und hilflos machen und vermutlich ist Wut da auf Dauer die bessere Alternative. Wer wütend ist kann sich besser wehren und irgendwie handeln.

6. Andere Menschen

6.1 Einsamkeit

Viele multiple Menschen sind sehr einsam. Passivität kann die Einsamkeit noch verschlimmern, deshalb kann es sinnvoll sein, im Laufe der Zeit Kontakte zu suchen, auch wenn das nicht leicht ist. Wenn die Angst, sich mit Menschen zu treffen, noch zu groß ist, können auch über das Internet oder das Telefon Kontakte geknüpft und gepflegt werden. Vielleicht ist es zunächst auch einfacher, über eine Selbsthilfegruppe für missbrauchte Frauen, Kontakte zu knüpfen.

Einsamkeit muss nicht für immer da sein, auch wenn es eine Zeit lang so ist. Im Laufe der Zeit gibt es viele Lösungen, ein erfülltes Leben zu führen.

Die Zeit allein kann ausgefüllt werden mit dem Erspüren der eigenen Fähigkeiten und Begabungen und den Fähigkeiten der anderen. Vielleicht ist es erfüllend, zu zeichnen und zu malen, ein Musikinstrument zu erlernen oder ein eigenes Selbsthilfebuch zu schreiben.☺ Welche Interessen könnten so stark wie möglich ausgelebt werden? Welche Interessen der einzelnen Innenpersonen, die schon lange vernachlässigt wurden?
Es gibt ein LEBEN mit dem Multipel sein und auch ein Leben NACH dem Multipel sein.

Wie könnte dies aussehen?

Jeder Mensch darf sein Leben nach eigenem Ermessen bestimmen. Auch als Multiple/r oder allein ist es möglich, wundervolle Stunden zu erleben. Gerade dann, wenn alle Persönlichkeiten damit beginnen, zusammenzuarbeiten, gibt es sehr viele Dinge im eigenen Selbst zu entdecken, die sich lohnen, entdeckt zu werden.

Die Wahrnehmung darf heute beim eigenen Selbst sein und alle Aspekte der Persönlichkeit und die eigenen Bedürfnisse und Wünsche umfassen. Dies bedeutet nicht, die Bedürfnisse anderer zu missachten, sondern die eigene Wahrnehmung auf sich selbst zentriert zu lassen und das auch im Zusammensein mit anderen Menschen. Man kann niemals mit anderen Menschen zusammenschmelzen, wohl aber mit sich selbst, wenn man lernt, die Wahrnehmung 24 Stunden beim eigenen Selbst zu belassen. Mit diesem eigenen Selbst wird das Leben gestaltet, denn andere Menschen sind nicht 24 Stunden da. Mit dem eigenen Selbst ist es dann möglich, die Liebe anderer zu empfangen und zurückzugeben.

6.2 Freunde/Freundinnen

Der Aufbau und die Aufrechterhaltung von Freundschaften kann sich für multiple Menschen schwierig gestalten, insbesondere dann, wenn viele Persönlichkeiten hervorkommen und die Außenwelt unsicher reagiert. Oftmals wissen andere nicht, wie sie mit Persönlichkeitswechseln umgehen sollen, wenn sie sie bemerken. Verständnislose oder verlegene Reaktionen sind häufig, weil das Gegenüber die plötzliche Änderung im Ausdruck nicht versteht. Deshalb ist es manchmal sinnvoller, zu erklären, was dann geschieht und sich Menschen zu suchen, die offen mit dem Problem umgehen können und sich darum bemühen, zu verstehen, warum es zu augenscheinlich „seltsamen" Verhaltensweisen kommen kann.

Manche Menschen entwickeln Angst und Unsicherheit im Umgang mit multiplen Menschen, wenn sie von der Störung erfahren. Dann ist es möglicherweise sinnvoll, darauf hinzuweisen, dass auch mit dieser Störung die Eigenverantwortung gegeben ist, sie sich mit jeder der evtl. vielen Persönlichkeiten „ganz normal unterhalten" können und nichts unternehmen müssen, um Persönlichkeitswechsel zu verhindern. Wenn häufig Kinder bei Freunden auftauchen, ist es wichtig, darüber zu sprechen, ob und wie sie in diesem Fall versuchen sollten, wieder eine erwachsene eigenverantwortliche Person herauszuholen.

Generell finde ich es sinnvoller, Freunde zu bitten, nicht direkt in das Persönlichkeitssystem einzugreifen (z.B. folgendermaßen: „Kann ich einmal mit x oder y sprechen" - außer ggf. bei o.g. Ausnahme), damit das System nicht durch Stimuli von anderen direkt beeinflusst wird. Ein solcher Eingriff sollte meines Erachtens allein einer guten Therapeutin / einem guten Therapeuten obliegen zu dem / der ein guter Kontakt und Vertrauen besteht. Auch in Anbetracht der Wahrung persönlicher Grenzen halte ich diesen Hinweis für sinnvoll, weil es niemandem obliegen sollte, am Persönlichkeitssystem einer/s Multiplen zu manipulieren, weil der Freund / die Freundin z.B. eine andere Persönlichkeit sympathischer findet oder bei einer bestimmten Persönlichkeit Rat sucht. Eingreifen ins System sollte allein der multiplen Frau / dem multiplen Mann obliegen.

Manche Menschen reagieren mit Ungläubigkeit, wenn sie von der Störung erfahren oder wenden sich ab, weil sie Angst vor der Störung bekommen, soweit sie dessen Ausmaß erkennen können. Manchmal wollen sie dann nicht darüber sprechen, weil es „so unheimlich" ist. Offen über die Störung zu sprechen, ist deshalb auch immer mit dem Risiko verbunden, abgelehnt zu werden. Deshalb ist im Einzelfall abzuwägen, ob dieses Risiko eingegangen werden sollte oder erst zu einem späteren Zeitpunkt, wenn das Gegenüber besser einzuschätzen ist.

Kontakte zu pflegen, die nicht wirklich gut tun und in denen es immer wieder zu massiv negativen Reaktionen kommt, sind möglicherweise nicht die richtigen Kontakte, und vielleicht ist es dann sinnvoller, sich andere neue Freunde zu suchen. Die Entwicklung einer guten Freundschaft braucht Zeit und Geduld. Viele multiple Frauen und

Männer sind sehr einsam und isoliert, aber auch dann kann relativ schnell etwas geändert werden, z.B. in einer Selbsthilfegruppe oder Therapiegruppe für missbrauchte Menschen, wenn sie gut tut. Es ist auch möglich, selbst eine solche Gruppe zu gründen. In diesem Falle ist es sinnvoll, in einer Einrichtung für missbrauchte Menschen, z.B. Notruf oder Wildwasser, Richtlinien für den Aufbau einer Selbsthilfegruppe zu erwerben. Auch andere Interessenvereine, z.B. Musik – oder Sportgruppen, geben die Möglichkeit, Kontakte zu knüpfen, wenn auch zunächst nur oberflächliche Kontakte.

Die ersten Schritte, neue Menschen kennen zu lernen, sind oftmals mit großer Angst verbunden. Ängste aufzufallen oder nicht angenommen zu werden, hemmen manchmal auch schon Versuche, zu anderen Kontakt zu knüpfen. Diese Angst ist auch nicht unberechtigt, da nicht alle Mitmenschen positiv auf DIS reagieren. Dennoch gibt es auch viele Menschen, die mit den spezifischen Problemen sehr gut umgehen können, und es lohnt sich, sich diese Menschen auch zu suchen, auch wenn es zwischendurch zu Enttäuschungen kommt. Eine Dissoziative Störung ist kein Grund, sich verstecken zu müssen! Je selbstbewusster und selbstverständlicher der eigene Umgang mit sich selbst ist, desto positiver wird auch die Umwelt reagieren! Oftmals reagiert die Umwelt gar nicht unbedingt gegen die Besonderheiten der Störung, die manchen auch gar nicht auffallen, sondern gegen Misstrauen oder unterschwellige Aggression. Viele Menschen haben auch großen Respekt vor einem offenen und selbstbewussten Umgang mit DIS.

Dennoch ist es in speziellen Konstellationen, insbesondere wenn eine negative Stigmatisierung sehr wahrscheinlich ist, nicht immer nur sinnvoll, sich offen mitzuteilen. Dann ist es (meines Erachtens) genauso legitim sich – wenn überhaupt nötig - andere Erklärungen für ein bestimmtes Verhalten zu überlegen, z.b. eine körperliche Erkrankung für Fehlzeiten bei der Arbeit. Dem Arbeitgeber gegenüber besteht aber auch keine Mitteilungspflicht über die Art der Erkrankung - etc..

Manchmal ist es auch gar nicht nötig, irgend etwas zu erklären. Ich finde es dann sinnvoll, wenn auftauchende Probleme durch eine entsprechende Klärung mit hoher Wahrscheinlichkeit dann besser gelöst werden können, als ohne eine Klärung. Aber es ist auch nicht notwendig, sich für jede Besonderheit zu rechtfertigen, denn bestimmte Besonderheiten hat jeder Mensch, auch jeder nicht multiple Mensch. Multipel zu sein ist nichts Falsches oder Schlechtes. Sehr wenige Menschen verfügen über eine ausgeprägte psychische Gesundheit. Am wenigsten die Menschen, die andere stigmatisieren. Ein multipler Mensch ist nicht außerirdisch, sondern musste einen sehr wichtigen Mechanismus entwickeln, um übermenschliche Belastungen zu bewältigen. Multiple Menschen haben ihren Stolz und ihr Selbstbewusstsein verdient.

6.3 Partner/Partnerinnen

Freunde/Freundinnen und Partner/Partnerinnen, können nicht die Therapie ersetzen. Auch eine Partnerschaft, die nach eigenem Empfinden gut funktioniert und das System unterstützt, ist von der Art der Beziehung her völlig anders geartet als eine Therapie. In einer Beziehung steht die wechselseitige Interaktion im Vordergrund mit der Entwicklung beider Partner zu einem gemeinsamen Zusammenleben. Dennoch brauchen beide Partner einen eigenen Lebensraum und eine eigene Identität, so dass ein Verschmelzen ineinander oder eine einseitige Bedürftigkeit eines Partners der Beziehung nicht gut tut. Für die individuelle Problembewältigung und Entwicklung ist die Therapie zuständig, eine Beziehung aber dient der gemeinsamen Lebensgestaltung und Liebe, in dem jede/r ein eigenes Individuum bleibt. Mangelnde Grenzen untereinander und wechselseitige oder einseitige Abhängigkeit zwischen Partnern können eine Beziehung ungesund machen – nicht nur bei Multiplen. Das eigene Selbst kann nie über den Partner definiert oder entwickelt werden, sondern nur aus sich selbst heraus.

Freunde/Freundinnen und Partner/Partnerinnen haben Bedürfnisse nach einem ausgewogenen Verhältnis. Sie brauchen im selben Ausmaß Verständnis und Unterstützung für ihre Bedürfnisse, wie Multiple. Wer nur über eigene Probleme redet oder in übergroßem Ausmaß in einer Gruppe Aufmerksamkeit fordert, kann sein Gegenüber oder die Gruppe auch überfordern. ☺ Aber auch allzu bescheidene Zurückhaltung und Verständnis fördern keine gesunden Kontakte. In starken psychischen Krisen ist es wichtig, sich an professionelle Ansprechpartner zu wenden, Freunde/Freundinnen oder Partner/Partnerinnen können nicht jede Krise auffangen und brauchen möglicherweise auch selbst professionelle Unterstützung im Umgang mit der DIS.

6.4 Grenzen

Die eigenen Grenzen zu spüren, ist eines der zentralsten Dinge, die ein multipler Mensch lernen sollte. Die Grenzen wurden Jahre, manchmal Jahrzehnte von den Tätern nicht eingehalten und das in einem Ausmaß, das bis hin zu qualvoller Folter reichen kann. Um so wichtiger ist es für jeden multiplen Menschen, dass dieses Schema irgendwann aufhört und er auf Mitmenschen trifft, die die persönlichen Grenzen achten und respektieren. Diese Grenzen müssen der Umwelt aber auch mitgeteilt werden. Dies zu lernen, ist nicht leicht und zu Beginn möglicherweise auch mit großer Angst verbunden. Auch ist es natürlich wichtig, selbst auch die Grenzen anderer zu achten. Aus diesen Gründen ist es in einem Kontakt wichtig, immer wieder darüber zu sprechen, welche wechselseitigen Bedürfnisse an einen Kontakt bestehen, welche Erwartungen wer an den anderen hat, mit welchen Dingen sich wer wohl fühlt, denn immer weiß man nicht hundertprozentig, wo die Grenzen zwischen sich selbst und einem anderen liegen. Manche Dinge lassen sich spüren, aber oftmals ist es wichtig, Unsicherheiten oder Probleme, die auftauchen, zu besprechen und sich auf Lösungen zu einigen, die für beide Parteien richtig sind. Manche multiplen Menschen leben auch nach dem Missbrauch weiter in destruktiven Partnerschaften, weil sie nicht gelernt haben, Grenzen zu spüren und wahrzunehmen, einige werden sogar in Beziehungen weiterhin missbraucht oder geben sich in Beziehungen an den Partner ab. Jedoch kann und sollte der Partner keine therapeutische Funktion einnehmen. Jahrelanger Missbrauch bedeutet nicht automatisch, dass das Wissen um angemessene Grenzen nicht vorhanden ist, sondern nur, dass sie nicht beachtet werden.

Wenn eine destruktive Beziehung besteht, in der wechselseitig oder einseitig Grenzen überschritten werden, z.B. durch körperliche Gewalt, sollte diese beendet werden.

6.5 Kontakt zur Familie

Die Herkunftsfamilie ist häufig der Ort, an dem Traumatisierungen stattgefunden haben. Deshalb ist es schwierig, in der Therapie Traumaarbeit durchzuführen, solange noch Kontakt zu ihr besteht. Für die Heilung ist es sinnvoll, im Laufe der Zeit den Kontakt zu ihr einzuschränken und vielleicht auch irgendwann abzubrechen, insbesondere wenn der Kontakt / die Kontakte mit der Familie schädliche Auswirkungen hat/haben oder noch direkter Kontakt zum Täter / zur Täterin/ den Tätern besteht. Dies ist allerdings nicht immer möglich. Andere Persönlichkeiten können ohne das Wissen der „Alltagspersonen" Kontakt zum Täter / zur Täterin/ den Tätern halten, gerade dann, wenn bestimmte Programmierungen durch den Täter / die Täterin/ die Täter erfolgt sind. Es ist aber auch möglich, dass immer noch eine akute Gefahr und Bedrohung durch den Täter / die Täterin/ die Täter besteht. Dann ist es außerordentlich wichtig, für eine gesicherte Lebenssituation zu sorgen, sobald das möglich ist. Persönlichkeiten, die noch zum Täter / zur Täterin/ zu Tätern Kontakt haben, sollten mit Hilfe einer Therapeutin / eines Therapeuten darüber informiert werden, dass dieser Kontakt dem Gesamtsystem schadet.

6.6 Schutz vor Tätern

Der größte Schutz sollte darin liegen, sich selbst so weit zu stabilisieren, dass Täterkontakt nicht mehr wahrgenommen wird oder abgewehrt werden kann. Dies ist jedoch in einer akuten Bedrohungssituation nicht immer ohne Weiteres möglich. Schutzmöglichkeiten bieten manchmal Frauenhäuser, die in jeder größeren Stadt Zuflucht für misshandelte und missbrauchte Frauen anbieten. Auch ist es möglich, bei einem Anwalt Opferschutz zu beantragen. In diesem Fall wird dem Täter / der Täterin unter Strafandrohung untersagt, in die Nähe des eigenen Aufenthaltsorts zu kommen. (Allerdings gibt es auch Täter oder Tätergruppen, die das kaum aufhalten würde.) Bei dem Einzug in eine neue Wohnung kann bei der Stadtverwaltung eine Geheimadresse beantragt werden, die an niemanden weitergegeben werden darf. Hilfreich ist auch die Einrichtung eines Postfachs, dessen Adresse an den Stellen angegeben werden kann, wo die neue Adresse nicht bekannt werden soll. Hierbei ist allerdings dringend ein Hinweis an die Post nötig, dass die Adresse unter der das Postfach läuft, nicht weitergegeben werden darf. Wenn es Probleme bei der Durchführung der Schutzmaßnahmen gibt, ist es immer besser, sich dazu Hilfe zu suchen, z.B. bei einem Rechtsanwalt / einer Rechtsanwältin oder bei einer Anlaufstelle für missbrauchte Frauen, z.B. Notruf, Wildwasser oder Zartbitter, als in der gegebenen Situation zu verharren.

6.7 Schutzmaßnahmen bei ritueller Gewalt

Beim Ausstieg aus bestimmten Täterkreisen wie satanischen Kulten/organisierten Kreisen ist es mit Sicherheit extrem hilfreich, eine/n mit DIS erfahrene/n Therapeutin/en an der Seite zu haben.

Jeder Kontakt zur Familie sollte kritisch überprüft und in Frage gestellt werden, weil häufig die Herkunftsfamilie in die Täterkreise involviert ist.

Bei noch akut aktiven Täterkreisen, die überführt werden könnten, kann es eine Überlegung sein, die Polizei einzuschalten. Man hört allerdings immer wieder, dass Anzeigen in Bezug vor allem auf rituelle Gewalt, nicht zum Erfolg führen. Häufig fehlen dann Beweise und Zeugen, zudem ist die fragmentierte Erinnerung bei DIS in der Regel nicht prozesstauglich. In akuten Fällen und beim Vorliegen einer DIS ist es daher wichtig, dass der/die Betroffene ausreichend aussagefähig ist. Aufgrund des (berechtigten) schlechten Images der Polizei im Umgang mit ritueller Gewalt und der Tatsache, dass Betroffenen oft nicht geglaubt wird, schaffen die wenigsten einen solchen Schritt. Mit Hilfe einer wirklich mit DIS erfahrenen Beratung sollte ein solcher Schritt sehr genau überlegt werden. Eine Anzeige und der Freispruch von Tätern kann die Situation noch verschlimmern, ein Verharren in Täterkreisen über Jahrzehnte ohne Aussicht auf Besserung ist aber keine gute Alternative.

Leider sind manche Betroffene psychisch nicht in der Lage, jemals aus z.B. satanischen/organisierten Täterkreisen auszubrechen. Hierfür ist auch eine bewusste Entscheidung erforderlich, bei der die meisten Persönlichkeiten mitmachen...mit allen auch negativen Konsequenzen eines solchen Schrittes. Andere (professionelle Helfer) können nur begleiten; den so schwierigen Schritt endgültig gehen, kann nur der/die Betroffene selbst. In der Regel läuft so ein Prozess über viele Jahre.

Dennoch:

Ein Ausstieg ist möglich!!! Es gibt viele Betroffene, die es geschafft haben, obwohl auch bei ihnen irgendwann die Lage so war, dass es kaum möglich erschien. Mit fachlicher Hilfe und dem eigenen Entschluss geht es!

Nachfolgend liste ich einige Schutzmaßnahmen bei ritueller Gewalt auf:

Am Wichtigsten:

Vom Heimatort weg ziehen, dies gut planen und vorbereiten. Ich höre immer mal wieder von Fällen, bei denen die Betroffenen noch in der Heimatstadt wohnen und absolut keine Chance haben, aus dem Kult raus zu kommen, weil die Täter zu „nah dran" sind. Zwar kann auch noch Verfolgung an anderen Orten statt finden, dennoch ist da eine bessere innere psychische Distanzierung von den Tätern möglich. Wenn der Ort weit genug weg ist haben Täter möglicherweise auch keine Lust, 24 h vor der Haustür zu stehen, um die Betroffene/den Betroffenen abzufangen. Dabei keinen Nachsendeantrag stellen!

Nach Umzug Geheimadresse beantragen und Postfach einrichten. Kein Namensschild an der Wohnungstür.

Den Kontakt zur Herkunftsfamilie so weit es geht abbrechen, am Besten ganz. (In der Regel ist die Herkunftsfamilie in die Täterkreise involviert. Auch der Kontakt zu Onkels, Tanten, Geschwistern etc. ist nicht sicher.) Ich weiß wie schwierig dieser Schritt ist, gerade wenn die Alltagspersonen noch nicht alles genau wissen. Aber es geht darum der Gewalt zu entkommen und ggf. das eigene Leben zu sichern. Und das ist wichtiger!

Telefon und Briefe:

Generell nicht ans Telefon gehen (bei Nicht – Tätern Rückruf) oder besser noch Telefon abgeben und andere vertraute Menschen die Anrufe checken lassen.

Telefonnummer nur an enge Vertraute weiter geben und nirgendwo veröffentlichen.

Briefe von anderen Menschen öffnen lassen.

Inhalt der Täteranrufe und Briefe sollten dabei nicht an die Betroffene/den Betroffenen weiter gegeben werden, da ansonsten Programme angetriggert werden könnten.

Internet:

Nichts in den sozialen Medien posten, was den Ausstieg betrifft, generell Vorsicht bei dem was nicht anonym gepostet wird. Die Täter lesen ggf. mit.

Nicht wildfremden Personen im Internet vertrauen und denen alles anvertrauen.

Am Besten das Internet eine Zeit lang ganz vermeiden.

Ein stabiles soziales Netz aufbauen, ein Helfersystem, Therapie, Arzt, Betreutes Wohnen, Freunde, Bekannte. Nicht isolieren.

Vor gefährlichen Nächten, insbesondere vor bestimmten Feiertagen:

Ins Frauenhaus gehen.

In eine Klinik gehen.

Bei Freunden oder woanders übernachten.

Vor allem nachts das Handy ausschalten.

Möbel vor die Tür stellen (um angetriggerte Innenpersonen zu verwirren, ggf. danach bessere Orientierung möglich).

Alles aus der Wohnung entfernen, was von Tätern geschenkt wurde oder aus andren Gründen triggert.

Ggf. das Haus nicht alleine verlassen.

Beweissicherung:

Verletzungen und Vorfälle durch Täter dokumentieren.

Beweise (falls vorhanden: Täterbriefe o.ä.) von einer vertrauten Person aufbewahren lassen.

Mit einer Therapeutin/einem Therapeuten besprechen, ob Tatbeschreibungen und Täternamen bei einem Anwalt hinterlassen werden sollen. Damit können ggf. Täter unter Druck gesetzt werden, dass alles bekannt wird, wenn der/dem Betroffenen etwas geschieht.

Innerer Ausstieg:

Soweit zur Theorie. In der Praxis ist das alles nicht so einfach umzusetzen. Das größte Problem liegt darin, dass oft die Alltagspersonen (noch) nichts von der Gewalt wissen oder nicht glauben, dass sie existiert. Oder es gibt täteridentifizierte Innenpersonen, die von den Tätern programmiert wurden, genau das zu tun, was die Täter wollen. Diese geben ggf. die neuen Kontaktdaten an die Täter weiter und kooperieren weiter mit ihnen, auch wenn andere Personen sicher aussteigen wollen. Oder sie sind der Überzeugung, dass ein Ausstieg nicht möglich ist. Gerade deshalb ist es wichtig, erst mal räumliche Distanz zu den Tätern zu finden – durch einen Wegzug aus der Heimatstadt und zumindest bewusst keine Kontakte zur Herkunftsfamilie und anderen verdächtigen Personen mehr zu pflegen. Dadurch wird zumindest die psychische Distanz schon mal verbessert. Gerade von Betroffenen in noch akuten Kreisen hört man, dass Schutzmaßnahmen nicht möglich sind, was durch die Täter natürlich erfolgreich eingeredet wird. Tatsache ist auch, dass ein Ausstieg kein leichter Weg ist, bei dem man ggf. auf Vieles verzichten und Vieles verlassen muss. Aber ein Ausstieg bietet auch die Chance für ein auf Dauer besseres Leben! Und glaubt es Euch bitte selbst nicht, wenn Ihr der Meinung seid, dass das nicht geht! Diese Stimmen wird es immer wieder geben, aber gebt ihnen keinen weiteren Raum! Wenn Ihr wirklich ernsthaft am Ausstieg arbeitet, werden auch Eure Täter irgendwann keine Lust mehr haben, Euch weiter nachzustellen! Genau dann, wenn sie merken, dass es sich nicht mehr lohnt, weil Ihr nicht zurück kommt und es nicht mehr funktioniert, Euch weiter einzuschüchtern. Das ist ein schwerer oft längerer Prozess aber nicht unmöglich! Tut es für Euch selbst!

6.8 Konfrontation

Innerhalb der Realisierung der erlebten Gewalt ist das Erleben großer Wut und massiven Hasses gegenüber dem Täter / der Täterin
normal und nichts, was Schuldgefühle mit sich bringen sollte. In einer solchen Situation kann auch das Bedürfnis auftauchen, ihn / sie
mit der Vergangenheit zu konfrontieren. Dies sollte allerdings erst
dann geschehen, wenn die aktuelle Lebenssituation sicher ist, da
eine Konfrontation erhöhten Druck von Seiten des Täters / der Täte-
rin/der Täter, der / die die Folgen seiner / ihrer Handlungen vor sich
sieht/sehen (z.B. Anzeige) u.U. massive Gegengewalt auslösen
kann. Selten gesteht/gestehen oder bestätigt/bestätigen der Täter /
die Täterin seine / die Täter ihre Handlungen. Eher ist es wahrscheinlich, dass er / sie versucht/versuchen, die Realität des Geschehens zu verzerren. Eine solche wahrscheinlich negative Reaktion kann massiv belastend sein. Deshalb sollte eine Konfrontation immer nach gründlicher Vorbereitung auf die Situation, am Besten mit
Hilfe eines Therapeuten / einer Therapeutin vorgenommen werden.
Dabei ist es sinnvoll, zu bedenken, welche Reaktionen zu erwarten
sind und sich vorher dementsprechend darauf vorzubereiten. Manchmal kann es auch sinnvoll sein, sich einfach defensiv zu verhalten

Diese Ausführungen - wie alle in diesem Buch - können nur Anre-
gungen darstellen. Viel wichtiger ist es, den eigenen Erfahrungen
und der eigenen Intuition zu trauen. Zudem hat jeder Täter / jede Täterin ganz eigene Verhaltensmuster, die beim Umgang mit ihr/ihm
beachtet werden sollten...Wichtig ist nur, dass nichts geschieht, was
in irgendeiner Art und Weise selbstschädigend ist.

Manchmal verhindert eine große Angst vor dem Täter/ der Täterin/den Tätern die Schutz- und Hilfesuche. Doch ein Aushalten in der Situation ist genauso beängstigend und gefährlich und es IST möglich, mit der Hilfe entsprechender Institutionen, einer noch akuten Missbrauchssituation zu entkommen. Ein Selbstverteidigungskurs oder das Erlernen einer Kampfsportart kann das subjektive Sicherheitsgefühl verbessern und das Selbstbewusstsein erhöhen.

Verantwortung

Unser Selbst unversehrt – ein Baum,
Kam auf die Erde,
Ohne umzufallen.
Seine Wurzeln sprossen in die Erde,
Ohne ihn und uns zu sehen.
Wir sahen in die Vergangenheit als wir den Baum betrachteten,
Die Wurzeln schufen sich ihren Platz wie früher.
Er konnte nicht ohne uns leben,
Er, der Baum,
Den wir eingepflanzt hatten.
Er musste blühen, damit wir seinen Duft hören konnten.
Wir mussten ihn gießen,
Damit er uns seine Existenz mitteilen konnte.
Er blühte, und sein Duft wehte zu uns herüber.
Als er aufhörte zu duften war er tot.
Niemand von uns hatte ihn erschossen.

7. Therapie

7.1 Ambulante Therapie

Eine Therapie zu machen ist in sehr vielen Fällen eine sehr gute Möglichkeit und Unterstützung, sich selbst zu heilen. Dennoch tut nicht jede Therapie gut, nur weil sie Therapie heißt. Auch in der Therapie bestimmen normale zwischenmenschliche „Regeln" die Beziehung. Jeder Mensch, auch der Therapeut / die Therapeutin, ist ein eigenes Individuum, beide mit menschlichen Bedürfnissen und Fehlern. Ein Therapeut / eine Therapeutin ist nicht automatisch psychisch gesund oder perfekt, nur weil er / sie Therapeut / Therapeutin ist und ist deshalb auch nicht „besser" oder „klarer." Aber mit Hilfe eines Therapeuten / einer Therapeutin ist es oft möglich, eine gesunde Beziehung zu einem Menschen herzustellen, der auf dem Weg ein Stück begleiten kann – wenn man ihn lässt. Viele Dinge in der Therapie können eine gute Hilfestellung geben für jegliche Bereiche, für die man sich Hilfe wünscht. Im Laufe der Zeit kann eine DIS mit Hilfe einer Therapie entscheidend gebessert werden.

Es gibt keine allgemeingültigen Gesetze, welcher Therapeut / welche Therapeutin gut ist und welcher / welche nicht. Oft spielt auch nicht allein die Frage nach der Ausbildung des Therapeuten / der Therapeutin die entscheidende Rolle. Viel wichtiger ist das Gefühl, sich wirklich verstanden und angenommen zu fühlen und die Möglichkeit, auftauchende Probleme klar besprechen zu können. Aber es sollte auch davor gewarnt werden, JEDEM Therapeuten vorbehaltlos zu vertrauen, nur weil er / sie Therapeut / Therapeutin ist. Wenn ein Therapeut / eine Therapeutin immer wieder sehr unverständlich oder aggressiv reagiert, liegen die Probleme nicht immer nur beim Klienten allein. Es gibt – genauso wenig wie perfekte Menschen - auch keine perfekten Therapeuten. Wenn immer wieder extreme Probleme auftauchen, die die Therapie bremsen, ist die Konstellation zwischen Therapeut und Klient möglicherweise nicht gut.

Vorsichtig sein sollte man sein, wenn

- der Therapeut / die Therapeutin häufig verbal aggressiv ist
- der Therapeut / die Therapeutin den Klienten / die Klientin sexuell belästigt
- der Therapeut / die Therapeutin niemals angemessen formulierte Kritik zulässt
- der Therapeut / die Therapeutin sich fortlaufend unsicher und ängstlich verhält
- sich das Gefühl einstellt, in der Therapie immer wieder nicht verstanden zu werden und das in einem Gespräch nicht zu klären ist
- der Therapeut / die Therapeutin Probleme nicht ansprechen will
- der Therapeut / die Therapeutin die eigenen Heilungsversuche nicht zulässt und immer nur die eigenen Ansichten anbringen will
- ein Therapeut / eine Therapeutin maskiert, verstellt und unehrlich wirkt

Es kann im Einzelfall sehr schwierig sein, zu differenzieren, welche

Konflikte auf einen normalen und wichtigen Therapieprozess zurückzuführen sind und welche dadurch verursacht sind, dass Therapeut / Therapeutin und Klient / Klientin mit ihren spezifischen Eigenschaften nicht zusammenpassen oder schlichtweg keine Sympathie besteht, was – wie überall - auch in einer Therapie auftreten kann. Auch wenn sehr heftige Wut auf den Therapeuten / die Therapeutin besteht, kann dies eine wichtige Reaktion sein, die besprochen werden sollte. Wenn dies aber niemals möglich ist, ist ein Therapieabbruch sinnvoll.

Es gibt auch im Bereich der Psychotherapie – wie überall - unseriös arbeitende Therapeuten /Therapeutinnen. Eine Besonderheit für multiple Menschen ergibt sich auch daraus, dass es immer noch Therapeuten / Therapeutinnen gibt, die die Diagnose DIS nicht anerkennen und nicht glauben, dass es diese Diagnose gibt. Mit einem solchen Therapeuten / einer solchen Therapeutin sollte man nicht arbeiten. Eine schlechte Therapie kann mehr Schaden anrichten als helfen. Wenn sich ein Gefühl der Zufriedenheit mit der Therapie einstellt ist sie auch in Ordnung.

Mangelnde Therapieplätze:

Leider ist es nicht immer einfach, einen Therapieplatz zu finden, weil die Wartezeiten für Kliniken und ambulante Therapien oft sehr hoch sind. Dann kann es Sinn machen, Beratungsstellen zu kontaktieren. Vielleicht ist dort eine sofortige Beratung möglich oder es können Tipps für geeignete Therapeuten und Kliniken gegeben werden.

Wenn gar nichts möglich ist ist das Hilfetelefon Berta für Betroffene eine erste Anlaufstelle, s. Anhang.

7.1.1 Anmerkungen zur Therapie

Spiegeln von Zweifeln

Im Rahmen einer Therapie werden von einem/r Therapeuten/in häufig Dinge benannt, die der/die Klient/in irgendwann selbst einmal gesagt hat. Ziel ist dabei, dass sich der Klient/die Klientin damit auseinandersetzen und eine eigene Position zu diesem Sachverhalt entwickeln soll. Möglicherweise kann es auch vorkommen, in diesem Sinne Zweifel an der Diagnose oder Zweifel daran, ob der Missbrauch wirklich stattgefunden hat, zu „spiegeln".

Nach meinen Erfahrungen und Erfahrungen im Selbsthilfebereich ist dieses Vorgehen außerordentlich kontraproduktiv. Gerade Multiple, die noch nicht so therapieerfahren sind reagieren häufig so, dass ihnen „wie üblich", „mal wieder nicht geglaubt wird", noch nicht mal von dem Menschen, von dem sie sich eigentlich Hilfe erhofft hatten und dem sie evtl. schon vertraut hatten. Damit bestätigt sich die Erfahrung aus der Kindheit und bewirkt mit hoher Wahrscheinlichkeit eher eine Retraumatisierung, möglicherweise sogar einen Therapieabbruch.

Das Misstrauen von Seiten der /des Multiplen ist allerdings durchaus angemessen, weil ihnen in der Realität auch im Erwachsenenalter häufig immer noch nicht geglaubt wird.

Im schlechtesten Fall wird der/die Betroffene überhaupt keine Hilfe mehr suchen und die Erfahrung machen, dass es tatsächlich keine Hilfe gibt. Gerade für Multiple, die noch aktuell in einer Gewaltsituation stecken oder verfolgt werden kann dies verheerend sein. Deshalb sollte sich jede/r Therapeut/in sehr gut überlegen, bei welchen Sachverhalten diese Methodik wirklich sinnvoll ist. Gerade wenn Gewaltsituationen noch aktuell sind, ist eine klare Positionierung für den/die Multiple/n außerordentlich wichtig.

Vorgeben, ob und wann Traumaarbeit gemacht wird

Manchmal ist es so, dass Therapeuten und andere Bezugspersonen viel über Traumaarbeit lesen und den von DIS Betroffenen vorgeben wollen, wann ob und wie sie sich mit den erlebten Traumata beschäftigen sollen, z.B. weil es ein bestimmtes Konzept gibt, das „modern" ist und die „angeblich neuesten Erkenntnisse" zum Thema umfasst. Dabei ist es möglich, dass Traumatisierte zur Beschäftigung mit den Traumata gebracht werden sollen, die dies gar nicht möchten oder dass eine Beschäftigung mit den Traumata strikt unterbunden werden soll, weil das „moderne" „neue" Konzept es so oder so als richtig ansieht.

Meiner Meinung nach ist ein solches Vorgehen z. T. entmündigend und auch nicht sinnvoll. Primär ist der/die Multiple ein erwachsener Mensch, der/die selbst sehr gut entscheiden kann und auch selbst entscheiden sollte, ob er/sie sich gerade mit den Traumata auseinandersetzen möchte. Nicht der/die Therapeut/in hat das Trauma erlebt, sondern der/die Betroffene und so weiß auch der/die Betroffene selbst am Besten, welche Themen gerade zu belastend sind und bei welchen Themen es wichtig ist – vielleicht zum ersten Mal – darüber zu sprechen.

Es ist nicht sinnvoll, mit Hammermethoden immer wieder die traumatischen Ereignisse neu hoch zu holen aber genau so wenig ist es sinnvoll, traumatische Erlebnisse völlig zu umgehen, denn diese belasten den/die Multiple/n sowieso, manchmal in der Form massiver Flashbacks und durch eine mangelnde Traumabearbeitung werden unkontrollierte Erinnerungen eher verschlimmert als verbessert. Genau dies ist das Ziel einer Traumatherapie eben diese Erinnerungen „kontrollierbar" zu machen.

Differenzierung zwischen DIS
und anderen posttraumatischen Störungen

In Bezug auf den vorhergehend genannten Aspekt ist es auch wichtig, zwischen DIS und anderen Traumafolgestörungen zu differenzieren. Im Rahmen einer einfachen Posttraumatischen Belastungsstörung ist das Trauma oft nicht „verschüttet", sondern kehrt ungewollt immer wieder als unkontrollierbare Erinnerung ins Bewusstsein. Dies ist natürlich auch bei DIS manchmal so, allerdings gibt es auch Zeiten, in denen der mangelnde Zugang zum Trauma ein Problem darstellt. Dann ist die Traumaabwehr so hoch, dass andere Folgesymptome, wie z.B. Essstörungen, vermehrte Wechsel, ggf. die Entwicklung von noch mehr Persönlichkeiten, Angstsymptome, Sucht und Depression so stark im Vordergrund stehen, dass der Alltag dadurch massiv beeinträchtigt wird. Das nicht erinnerte Trauma wird zum

„Selbstläufer" und raubt einen großen Teil der Lebensenergie. Dann ist eine vorsichtige Traumabearbeitung wichtig und sinnvoll. Auch wenn der/die Multiple andere Persönlichkeitsanteile integrieren möchte oder mehr mit ihnen zusammenarbeiten möchte ist eine vorsichtige Traumabearbeitung unumgänglich.

Je mehr die erworbene Kompetenz steigt, mit einem Trauma umzugehen, desto weniger ist Spaltung zur Abwehr des selbigen notwendig. Dieser Aspekt ist gerade bei DIS wichtig zu beachten. Der häufige Tipp: „Leg das Trauma doch einfach weg", kann hier keine Anwendung finden, weil das Trauma noch gar nicht bewusst ist und was nicht bewusst ist, kann natürlich auch nicht weggelegt werden. Dennoch ist es auch hier sehr wichtig, dass der/die Multiple selbst entscheidet, wann und ob er/sie eine Traumabearbeitung oder überhaupt mehr Integration erreichen möchte.

7.2 Psychiatrien

Plädoyer für eine menschenwürdige Psychiatrie

Agitation,
Manipulation,
Agression,
Rebellion,
Reaktion?

Bin ich krank? Oder werde ich durch Worte erpresst?

Meine Rolle ist der Patient – patience!
Schnallt sie fest und dröhnt sie zu bevor sie ums Leben schreit – silence!

Fragt sie nicht, ob sie noch etwas vorhat in ihrem Leben, noch strebt, noch
gesund ist. Schreibt Eure Macht aufs Papier, die unsere ist. Wir sind für
Euren Job da, davon könnt Ihr leben, Euch ernähren. Gäben wir unsere
Schwäche nicht zu hättet Ihr nicht Euer Leben.

Wir die wir leben!

Meine Rolle ist das Geld,
Meine Rolle ist die Zeit,
Gebt mir die Erlaubnis gesund zu sein – wenn Ihr wollt.

Bedenkt den Preis, den ich zahle, für meinen Rausschmiss.
Stellt die Kasse über Patientenrecht.
Verliert die Argumente der Menschlichkeit.
Vergesst die Argumente des Preises für Eure Macht.
Mein Leben.
Meine Gesundheit.

Vergesst die Gesetze des Patienten und die Orientierung an SEINER
Krankheit?
Weil Ihr Angst habt vor der fremden Macht der Welt da draußen.

Vergesst Eure Stellung zu uns, die Bedeutung Eurer Worte, Eurer Schrift
• für uns.

Ich stelle Fragen?

Ich bin nicht Euer Job.

No patience!
No silence!

Mir geht es um mein Leben.

Ich sage ich will nicht mehr leben.
Nicht weil ich sterben will,
Nur weil ich vor dem Tod stand der mich klein kriegen will.
Wofür seid Ihr da?
Sie haben hier keinen Rechtsanspruch!

Pacient, rette Dich selbst, lauf davon solang Du noch kannst!

Noch ein paar Pillen mal probieren,
Mir geht's immer schlechter davon,
Bei Entlassung die alten.
Noch nicht mal denken – keine Antwort wissen,
Außer dieser.

Nur ein freundliches Wort,
Nur ein bisschen Trost,
Nur einmal zuhören ohne zu schreien oder uns niederzumachen.
Nur einmal die Hoffnung zu hören es wird besser,
Der Kasse sagen, wann es um unterlassene Hilfeleistung geht und nicht
mehr um deren Recht – als ich vergaß, dass ich leben wollte.
Ich klage an!

Nehmt Euer Geld aber vergesst nicht, dass auch Ihr von uns geliebt werden
könntet,
Wäret Ihr nur
• Ihr selbst

Vielleicht wären wir Euch gern begegnet,
Weil Ihr alleine seid.

Dank an die, die mich verstanden.

Patience,
Silence

Psssssssssssssssssss......................

Dieses Gedicht über Psychiatrien entstand nach mehreren negativen Erfahrungen in einer Psychiatrie, die leider nicht selten sind. Leider muss davor gewarnt werden, allen therapeutischen Institutionen oder Einzelpersonen ZU sehr zu vertrauen. Es ist keine Seltenheit, dass DIS an vielen Stellen unbekannt ist und nicht diagnostiziert wird. Viele glauben auch immer noch, dass es die Störung nicht gibt. Diese Problematik wird im später folgenden wissenschaftstheoretischen Teil genauer erläutert.

Dennoch ist es in manchen Zeiten vielleicht nicht möglich, ohne psychiatrische Hilfe zu bleiben, z.B. bei starken Selbstmordimpulsen. In diesem Falle sollte man sich nicht scheuen, akut Hilfe in einer Psychiatrie zu suchen, denn eine wenn auch dauerhaft nicht sinnvolle Behandlung mit Medikamenten ist besser, als das Verweilen in einer Gefahrensituation. Am Besten ist es, sich an die Ärzte/Innen, Pfleger/Innen und Therapeut/Innen zu wenden, die einen offenen und sympathischen Eindruck machen und mit diesen auch die eigenen Angelegenheiten zu besprechen.

Es ist aber auch zu beachten, dass auch einem Fachmann/einer Fachfrau sehr viele wichtige Infos fehlen, die Ihr über Euch selbst habt. Deshalb ist auch in Psychiatrien die eigene Intuition noch wichtiger, als eine „Experten"meinung, die möglicherweise gar nicht von einem Experten / einer Expertin ist. Die Diagnose DIS sollte meines Erachtens nur durch mit DIS erfahrene Ärzte / Ärztinnen und Therapeuten / Therapeutinnen erfolgen, da eine hohe Zahl der psychiatrischen Institutionen und niedergelassenen Therapeuten / Therapeutinnen immer noch nicht in der Lage ist, sie zu stellen. Die Meinung eines Therapeuten, es läge keine DIS vor, bedeutet noch lange nicht, dass dies auch stimmt. Andererseits sollte auch keine DIS befürchtet werden, wenn keine Störung dieser Art vorliegt. Der Austausch mit anderen Betroffenen und die Diagnostik durch einen DIS - Therapeuten / eine DIS – Therapeutin oder zumindest einen Traumatherapeuten / eine Traumatherapeutin kann ggf. mehr Sicherheit bringen.

7.3 Medikamente

Die Meinungen, ob die Einnahme von Tabletten bei DIS sinnvoll sind, gehen auseinander. Viele DIS - Experten / DIS - Expertinnen befürworten keine oder nur eine sehr mäßige Tablettenbehandlung. In der Praxis werden Tabletten häufig und schnell eingesetzt. Deshalb sollte jede/r Betroffene prüfen, ob die verordneten Tabletten wirklich gut tun und vor Allem in welcher Menge. Wenn ggf. psychoseähnliche Symptome, Unruhe, Depression und Flashbacks stark sind, ist es meines Erachtens sinnvoll, Tabletten zu Hilfe zu nehmen und dies in der Dosis, wie es einem selbst gut tut.

Die Wirkung von Psychopharmaka ist bei jedem Menschen und gerade bei Multiplen sehr unterschiedlich, so dass auch manchmal ausprobiert werden muss, ob und welche Tabletten Hilfe bringen.

Die Meinung, die von radikalen Tablettengegnern vertreten wird, ist manchmal die, dass eine Traumabehandlung mit Tabletten nicht möglich ist, weil diese alles zudecken. Dies ist nach meinen Erfahrungen nicht der Fall, da manche Tablettenwirkungen, wie z.B. mehr Ruhe, die Traumaarbeit auch erleichtern können. Am Wichtigsten finde ich das eigene Empfinden zu einer Tablettenbehandlung und die Meinung der anderen Persönlichkeitsanteile zu dieser Problematik und nicht die Meinung anderer. Nach meiner Meinung und Erfahrung sollte auch die geringst mögliche Dosis probiert werden, die erst nach unzureichenden Ergebnissen erhöht werden sollte.

Die Arten von Tabletten, die es gibt, werden im Folgenden nicht näher beschrieben, da ich es sinnvoller finde, wenn sich jede/r Betroffene selbst sehr ausführliche Informationen zu diesem Thema sucht, die über das Internet oder in Büchern leicht zu finden sind. Eine gute Information über Wirkstoffe und die Behandlung erleichtert die eigene Mitsprache beim Arzt. Im Groben wird zwischen Antidepressiva, Neuroleptika und Tranquillizern unterschieden. Antidepressiva und Neuroleptika entfalten ihre Wirkung häufig erst nach 1 bis 3 Wochen und sollten nicht zu schnell wieder abgesetzt werden, um Rückfälle zu vermeiden.

Antidepressiva sind Medikamente gegen depressive Zustände, die den Antrieb und die Stimmung steigern sollen. In Maßen können manche Antidepressiva auch posttraumatische Symptome wie Angst und Unruhe verbessern. Bei akuter Selbstmordgefahr sollten Antidepressiva im Rahmen einer Psychiatrie gegeben werden, da der erhöhte Antrieb in der ersten Zeit (die Verbesserung der Stimmung tritt später ein) die Selbstmordgefahr erhöht.

Neuroleptika sind Mittel gegen psychotische Zustände. Psychotische Zustände sind Zustände, die durch einen Verlust des Realitätsbezuges gekennzeichnet sind. Dies können STARK ausgeprägte Beziehungsideen sein, z.B. dass andere über mich reden, sogar wildfremde Menschen im Bus etc., das Gefühl verfolgt zu werden, z.B. der Glaube im eigenen Haus seien Wanzen versteckt und man werde von der Polizei abgehört, Verfolgungsideen (von der Polizei gejagt werden), Halluzinationen (Hören oder sehen von Menschen, Wesen oder Dingen, die nicht vorhanden sind), das Gefühl, andere könnten die eigenen Gedanken SEHEN etc. etc.. Grundsätzlich müssen diese Symptome sehr extrem und sehr stark sein und das normale Denken so stören, dass eine korrekte Wahrnehmung nicht mehr möglich ist.

Multiple Menschen können eine geringere Ausprägung psychoseähnlicher Symptome haben, z.B. wenn es psychotische Innenpersonen gibt, Innenpersonen unter Drogen stehen oder standen oder eine akute Stressbelastung vorhanden ist. Insbesondere akustische Halluzinationen sind möglich, d.h. das Hören von Dingen, die nicht wirklich vorhanden sind. Die bei Multiplen möglichen psychoseähnlichen Symptome rechtfertigen aber nicht die Diagnose Schizophrenie, da sie nicht so extrem sind und in der Regel nur kurz andauern. In der Regel wird der Realitätsbezug auch nicht verloren, sondern es entsteht nur das GEFÜHL, er gehe verloren. Dies hat nichts gemein mit einer ausgeprägten Psychose bei Schizophrenie. Wenn diese - unangenehmen - Symptome sehr störend sind, ist der Einsatz von Neuroleptika sinnvoll, ebenfalls wenn keine psychoseähnlichen Symptome vorhanden sind aber starke Unruhezustände und Grübeln oder das Empfinden, nicht mehr klar und konzentriert denken zu können.

Neuroleptika zu nehmen bedeutet nicht, dass man schizophren ist oder eine andere schwere Psychose hat. Das Hören von Stimmen IM eigenen Kopf hat mit einer Psychose überhaupt nichts zu tun, denn üblicherweise machen sich häufig andere Persönlichkeiten auf

diesem Wege bemerkbar. Hier lohnt es sich sogar, einmal hinzuhö-
ren, was die anderen zu sagen haben, solange die Stimmen nicht
überhand nehmen. Ein psychotischer Mensch mit einer der Diagnosen, Schizophrenie, schizoaffektive Psychose, affektive Psychose,
bipolare Störung bzw. Manie sollte dies aber nicht tun, auch kein
Mensch mit schizoider Persönlichkeitsstörung.

Tranquilizer sind Beruhigungsmittel und sollten mit Vorsicht ange-
wendet werden, weil sie schnell abhängig machen können.

7.4 Diagnosen in Psychiatrien

In Psychiatrien ist es leider sehr häufig der Fall, dass bestimmte Standarddiagnosen sehr häufig und sehr schnell gegeben werden, weil die Aufenthalte oft kurz sind. Viele Diagnosen werden aufgrund von wenigen äußeren Infos gestellt und ohne, dass Arzt/Ärztin oder Psychologe/Psychologin die Patienten überhaupt kennen. In 3 – Minuten – Gesprächen werden dann schnell Urteile gefällt und Diagnosen „verteilt.", möglicherweise die falschen. Falsche Diagnosen führen aber dazu dass der/die Betroffene keine angemessene Hilfe erhält, sondern falsche Hilfen.

Für eine DIS – Diagnose ist es wichtig, sich an einen Arzt oder psychologischen Therapeuten zu wenden, der zumindest im Bereich Trauma einige Erfahrung hat. Eine angemessene Diagnose erfordert einen längeren Beobachtungszeitraum.

Des Weiteren sollte man nicht jede Diagnose unkritisch akzeptieren, sondern sich selbst z.B. durch Bücher damit befassen und hinterfragen, ob man selbst eine Diagnose stimmig findet. Im Zweifelsfall kann ein anderer Arzt/Therapeut aufgesucht werden mit der erneuten Anfrage nach einer Diagnosestellung. Natürlich ist es aber auch wichtig, nicht alle psychischen Diagnosen auf sich selbst zu beziehen. Damit eine Diagnose zutrifft, müssen in der Regel die Ausprägungen der Besonderheiten sehr stark sein und außerdem eine subjektive Beeinträchtigung vorliegen, unter der man leidet. Dies ist bei DIS zweifellos gegeben

7.5 Abgrenzung zu Schizophrenie

Es sollte eigentlich nicht erwähnt werden müssen aber aufgrund von persönlichen Erfahrungen ein kurzer Hinweis zur Differenzierung zur Schizophrenie. Multiple und Schizophrene hören Stimmen, dabei befinden sich die Stimmen bei Multiplen in der Regel aber IM Kopf und werden nicht von „als außen kommend erlebt". Natürlich ist es aber auch möglich, dass eine/ein multipler Mensch kurzzeitig psychotische Symptome haben kann und dann ebenfalls Stimmen „von außen" hört. In der Regel dauern solche psychotischen Zustände eher kurz an und sind nicht so extrem ausgeprägt wie bei Schizophrenie. In der Regel geht auch der Realitätsbezug bei DIS nicht komplett verloren.

Eine folgenreiche Fehlinterpretation liegt vor, wenn reale Erinnerungen von Multiplen für Wahnvorstellungen gehalten werden. Auch wenn die Betroffenen schreckliche, „unglaubliche" „Geschichten" erzählen und berichten, dass sie von Tätern verfolgt werden, handelt es sich in diesen Fällen leider in der Regel um die Wahrheit. Auch Äußerungen wie „Die anderen haben gesagt" haben nichts mit psychotischen Eingebungen zu tun, sondern entsprechen dem inneren Erleben, dass mehrere Persönlichkeiten vorhanden sind. Jede dieser Persönlichkeiten gibt die Realität so wieder, wie sie sie erlebt hat. Häufig existieren diese Erinnerungen in uneinheitlichen Bruchstücken.

7.6 Klinikkonzepte

Starre Therapiekonzepte finden sich auch häufig in psychotherapeutisch ausgerichteten Kliniken. Auch diese beruhen auf angeblich „den besten modernen" Methoden und häufig steht die Erfüllung des klinikspezifischen Konzeptes über der Individualität des/der einzelnen Patienten/in.

Es ist in jeder Therapie wichtig, auch im Rahmen einer Klinikbehandlung, immer die individuellen Fähigkeiten und Verarbeitungsmethoden zu berücksichtigen, die sich zwischen Betroffenen stark unterscheiden können. Häufig wird dies völlig unzureichend berücksichtigt. Das zeigt sich auch daran, dass manche Multiple auf verhaltenstherapeutischen „Borderline – Stationen" behandelt werden, obwohl bei der Therapie einer DIS auch noch ganz andere Verfahren wirksam werden und andere Aspekte berücksichtigt werden müssen. Borderline – Störung und DIS sind keinesfalls gleichzusetzen, auch wenn manche Multiple auch die Kriterien für eine Borderline – Störung erfüllen.

Genauso unsinnig ist es, wenn der/dem Multiplen „verboten wird", in der Klinik zu switchen. Zum einen ist es den Betroffenen in der Regel erst mal gar nicht möglich (sonst wären sie ja nicht multipel...), zum anderen ist es ein Trugschluss zu glauben, eine DIS werde dadurch geheilt, dass „andere Persönlichkeiten" als die „Alltagspersonen" nicht mehr herauskommen. Ein Verbot bewirkt im Gegenteil einen starken Druck erst recht zu switchen und oftmals berechtigterweise eine Verärgerung der „Innenpersonen", die sich dadurch erst recht „zeigen" wollen und dass „sie" und die Gewalt existieren. Eine solche Maßnahme kann starke Krisen auslösen.

Ein Therapeut/eine Therapeutin, der/die Betroffene/n nicht ausreichend kennt, sollte keine schwerwiegenden Eingriffe in das Persönlichkeitssystem vornehmen, das häufig in sich eine gewisse Stabilität hat – für eine bestimmte Lebensphase. Im Rahmen einer kurzen Klinikbehandlung sollten die aktuellen Themen der/des Patientin/Patienten im Vordergrund stehen.

Eine DIS ist durch das Verhindern von Persönlichkeitswechseln allein nicht behoben. Nur wenn ALLE Innenpersonen und die Alltagspersonen zusammenarbeiten oder sich zusammenfügen ist ein Stück wirklicher Heilung möglich.

7.7 Selbsthilfeforen im Internet

Vor bestimmten Selbsthilfeforen im Internet muss gewarnt werden. Es ist bekannt, dass bestimmte Selbsthilfeseiten, die nicht mehr existieren, möglicherweise einen rechtsradikalen Hintergrund hatten und möglicherweise von Tätern betrieben wurden, deren Rechtslastigkeit möglicherweise sogar noch einen Zusammenhang zu aktiven Kulten hat. Niemals dürfen in solchen und auch in anderen Foren zum Thema öffentlich Name, Adresse, Wohnort, Telefonnummer und E Mail – Adresse bekannt gegeben werden. Es ist wichtig, ein Selbsthilfeforum in Bezug auf strafbare oder menschenverachtende oder diskriminierende Inhalte zu prüfen, ebenfalls auf einen angemessenen Tonfall von Seiten der Moderatoren und die Möglichkeit der angemessenen Konfliktlösung. Wenn ein Forum irgendwie „komisch", „aggressiv" oder „seltsam" erscheint, sollte man möglichst dort fern bleiben. Seriöse Angebote lassen sich mit der Zeit und mit viel Erfahrung z.T. als solche erkennen, auch wenn es im Internet nie einen 100%tigen Schutz gibt.

Auch sollte ein Selbsthilfeforum Gesetze des Jugendschutzes einhalten und keine User, die jünger als 18 sind, akzeptieren, allenfalls in speziell geschützten Bereichen ohne Zugang zum gesamten Forum.

7.8 Ungläubige Therapeuten

Leider gibt es Therapeuten / Therapeutinnen, die immer noch nicht glauben, dass es die Diagnose DIS gibt. Mit solchen Therapeuten / Therapeutinnen sollten Betroffene grundsätzlich nicht arbeiten! Eine andere Situation besteht meines Erachtens dann, wenn ein Therapeut / eine Therapeutin sich nicht mit der Diagnose auskennt aber an der Störung interessiert ist und bereit ist, sich mit ihr auseinander zu setzen. Einem solchen Therapeuten / einer solchen Therapeutin sollte die Möglichkeit gegeben werden mit zu lernen und das Abenteuer einer DIS - Therapie zu erleben. Eine Behandlung durch einen „Nicht – Profi" muss nicht zwangsläufig schlecht sein. Vielmehr sind Einfühlungsvermögen, die Passung zwischen Therapeut / Therapeutin und Klient / Klientin und die wechselseitige Sympathie von Bedeutung.

Immer wieder kommt es vor, dass sich auch Täter in Therapeutenkreise eingliedern oder in Einrichtungen, die Hilfe anbieten sollen, z.B. Sektenberatungsstellen, „einschleichen". So sind durchaus Beratungseinrichtungen oder Informationsseiten im Internet bekannt, die von Pädophilen, die sich öffentlich sogar dazu bekennen oder Mitglied von Pädophilenvereinigungen sind, betrieben werden. Auch gibt es in einigen Einrichtungen Mitarbeiter, die zwar nicht selbst Täter sind aber trotzdem die Existenz von DIS und von Straftaten in Kulten abstreiten, weil es „so etwas Extremes" ja gar nicht geben kann und darf. Die Möglichkeiten der Verdrängung sind weitreichend.

Allerdings ist es nicht sinnvoll, deshalb allen Hilfeeinrichtungen mit so viel Skepsis zu begegnen, dass überhaupt keine Hilfe gesucht wird, denn es ist außerordentlich schwierig, mit den Folgen massiver Gewalt oder einer noch akuten Gewaltsituation alleine klar zu kommen. Neben unseriösen Hilfeangeboten gibt es immer wieder auch seriöse Angebote, die Hilfe anbieten und es ist wichtig, diese Hilfe auch anzunehmen und zu nutzen. Wenn man sucht und die Suche nicht aufgibt, ist es wahrscheinlich, irgendwann jemanden zu finden, bei dem man Hilfe erhalten kann. Außerdem ist es immer gut, sich durch Internet und Bücher umfassend über das Thema DIS zu informieren und „Insiderinformationen" einzuholen.

7.9 Psychiater, Psychologen und Psychotherapeuten

In der Praxis werden häufig immer wieder die Berufe von Psychotherapeuten, Psychiatern, Neurologen und Psychologen verwechselt
oder gleich gestellt. Deshalb an dieser Stelle eine Info zu den Be-
rufsfeldern.

Psychiater und Neurologen sind Ärzte, die ein normales Medizinstudium absolviert haben und danach als Assistenzärzte eine Weiterbildung zum Facharzt für Psychiatrie und/oder Neurologie machen.
Viele Ärzte machen eine Facharztausbildung zum Neurologen UND
zum Psychiater. Psychiater spezialisieren sich dabei auf die Behandlung von psychischen Erkrankungen, wie Borderline, Schizophrenie,
Depression, Angststörungen usw.. Neurologen behandeln primär
körperliche Erkrankungen, die das Nervensystem betreffen und vorwiegend organische Ursachen haben, z.B. Multiple Sklerose, Par-
kinson und Alzheimer.

Psychologen haben im Gegensatz zur vorhergehenden Gruppe kein
Medizinstudium absolviert, sondern ein Psychologiestudium. Deshalb dürfen sie keine Medikamente verordnen.
Weder Ärzte noch Psychologen sind ohne Weiterbildung Psychotherapeuten und dürfen und können ohne Weiterbildung keine Psychotherapie durchführen.

Psychologen und Ärzte können aber eine Weiterbildung zum Psychotherapeuten machen und können und dürfen dann auch Psycho-

therapie durchführen und sich „Psychotherapeut" nennen.

7.10 Therapieverfahren

Derzeit von den Krankenkassen anerkannt und abrechnungsfähig sind Verhaltenstherapie und tiefenpsychologische Verfahren. Tiefenpsychologische Verfahren bearbeiten vorwiegend die Ursachen von Problemen aus der Kindheit. Verhaltenstherapeutische Verfahren bearbeiten vorwiegend die Probleme der Gegenwart. Oft sind tiefenpsychologische Verfahren bei DIS sinnvoller. Es gibt aber auch zahlreiche Verhaltenstherapeuten, die sich auf Traumaarbeit spezialisiert haben und eine DIS ebenso gut behandeln können. Am Sinnvollsten ist eine Kombination aus mehreren Verfahren, wobei themenspezifisch, also DIS – orientiert/Trauma – orientiert gearbeitet wird.

Nicht empfehlenswert ist eine klassische Psychoanalyse – auch nicht bei anderen Störungen -, die „ungehemmt aufdeckend" Probleme aus der Kindheit aufwühlt, ohne ausreichende Stützverfahren in der Gegenwart, oft 3 mal in der Woche statt findet und ohne dass der Therapeut zu dem Erzählten viel Rückmeldung gibt, ggf. noch auf der berühmten „Couch." ☺ Die Psychoanalyse gehört zu den tiefenpsychologischen Verfahren, gilt aber heutzutage häufig nicht mehr als „empfehlenswert" zur Behandlung von psychischen Erkrankungen. Moderne tiefenpsychologische Therapeuten arbeiten normalerweise nicht mehr mit dieser klassischen Methode. Trotzdem ist sie bei den Krankenkassen noch anerkannt.

Andere Therapieverfahren

Es gibt noch viel mehr Therapieverfahren, die aber nicht vom jeweiligen Therapeuten mit der Krankenkasse abgerechnet werden können. Hierbei ist zu beachten, dass der Begriff „Therapie" an sich nicht geschützt ist und sich so ziemlich jeder den Zusatz „Therapeut" aneignen darf. Deshalb ist es wichtig zu prüfen, auf welches Verfahren man sich im Therapiedschungel einlässt, wenn man die Therapie selbst zahlt.

Es gibt aber auch außerhalb der durch die Kasse zugelassenen Psychotherapeuten Therapeuten, die eine DIS kompetent behandeln können und eine Weiterbildung im Traumabereich oder sogar zu DIS gemacht haben, z.B. auch Sozialpädagogen oder bestimmte Heilpraktiker. Allerdings müssen diese Therapien dann selbst bezahlt werden und das können viele Betroffene nicht. Die Gestalttherapie (nicht zu verwechseln mit Gestaltungstherapie) ist z.B. ein nach meinen Erfahrungen gutes Therapieverfahren, welches aber von den Kassen noch nicht anerkannt wird.

Am Wichtigsten ist aber alles in Allem immer wieder die Erfahrung und Weiterbildung eines Therapeuten im Bereich Traumaarbeit, Außerdem schützt ein durch die Kasse zugelassenes Verfahren nicht automatisch vor einer schlechten Therapie, nur weil die Methode offiziell anerkannt ist.

7.11 Selbsthilfegruppen

Eine Selbsthilfegruppe für multiple Menschen zu finden ist je nach Region vermutlich eher schwierig, wahrscheinlicher ist es, eine Selbsthilfegruppe für missbrauchte Frauen zu finden. Für Männer ist es vermutlich schon schwierig, eine Selbsthilfegruppe für missbrauchte Männer zu finden. Ggf. kann man auch selbst eine solche Gruppe gründen.

Eine Selbsthilfegruppe kann eine gute Möglichkeit sein, sich auszutauschen, Kontakt zu Gleichgesinnten zu finden und vor allem das Gefühl zu haben, nicht allein mit der DIS zu sein und sich mitteilen zu können, ohne sich verstellen zu müssen.

Eine Selbsthilfegruppe ohne therapeutische Anleitung kann aber auch negative Auswirkungen haben oder sogar schaden. In einer Selbsthilfegruppe vor Ort ist es möglich, auf andere Multiple zu treffen, die noch Täterkontakt haben (evtl. ohne dass sie es selbst wissen) und in deren Täterkreise (z.B. Kulte) zu geraten, ebenso kann man natürlich auch selbst andere Multiple aus demselben Grund gefährden. Auch wenn jemand glaubt, keinen Täterkontakt mehr zu haben, ist es gut möglich, dass eine andere Persönlichkeit des/der Betroffenen diesen weiter hält.

Ein weiterer Gefahrenpunkt ist die Entwicklung von unkontrollierten Übertragungen. Durch den Kontakt zu anderen Multiplen ist die Identifikation mit den Problemen des/der anderen sehr viel größer, als zu jemanden, der andere Probleme hat. Man fühlt sich durch den Kontakt zu anderen Betroffenen möglicherweise besonders stark verbunden. Dadurch kann ein positives großes Ausmaß an Verständnis füreinander entstehen, das allen Gruppenmitgliedern stark weiterhilft. Genauso kann es aber zu negativen Übertragungen kommen, d.h. man sieht die eigenen Probleme und Dinge, die man an sich selbst nicht mag oder mit denen man selbst nicht klarkommt im Gegenüber und das Gegenüber wird in seinen Fehlern und Schwächen angegriffen, ohne dass erkannt wird, dass man selbst in einem bestimmten Punkt auch oder sogar ähnliche Probleme hat.

Jeder hat seine eigenen Fähigkeiten, sich mit der Gewalt und der DIS auseinander zu setzen und jede/r sollte in seiner Verarbeitungsmethode akzeptiert werden, auch wenn diese nicht mit der eigenen übereinstimmt. Bevor „fehlerhafte Verarbeitungen" beim anderen kritisiert werden, sollte jeder seine eigenen Fehler überprüfen und reflektieren können.

Aus solchen negativen Übertragungen können gerade unter Gewaltopfern wechselseitige Aggressionen folgen. Auch ist es möglich, dass Dinge, die durch andere bei jemandem versehentlich angetriggert werden (was dann oft nicht reflektiert werden kann) zu starken Konflikten führen können. Deshalb sollte sich meiner Meinung nach jede/r an eine Selbsthilfegruppe Teilnehmende in Therapie befinden oder schon Therapie gemacht haben oder über ein hohe Fähigkeit zur Selbstreflexion verfügen, vor allem die, die eine Selbsthilfegruppe leiten, soweit ein Leiter für die Führung einer Selbsthilfegruppe bestimmt worden ist. Beratungsstellen gegen Missbrauch sind eine gute Anlaufstelle, wenn man selbst eine Selbsthilfegruppe gründen möchte und Hilfe zur Anleitung und zum Aufbau einer solchen Gruppe erhalten möchte.

Eine weitere Problematik von Selbsthilfegruppen liegt darin, dass neben Tipps zum gesunden Verhalten auch Tipps zur Fortführung des kranken oder nicht wünschenswerten Verhaltens gegeben werden, auch wenn dies nicht gewollt geschieht. Jemand der sich mit Dingen befasst, die für andere noch zu beängstigend sind, z.B. die Akzeptanz der DIS – Diagnose, stößt ggf. auf unterschwellige Abwehr bei der Kommunikation über seine Fortschritte. In jeder Gruppe gibt es eine bestimmte Gruppendynamik, mir der sich der/die Teilnehmenden identifizieren. Dies kann auch eine negativ wirkende Gruppendynamik sein.

Bei schriftlichen Formen der Kommunikation., z.B. Selbsthilfeforen im Internet fehlen wichtige Aspekte der Kommunikation, Gestik, Mimik, Wortklang etc. Nach meinen Erfahrungen ist der Nährboden für Missverständnisse in Internet – Gruppen weitaus höher als im direkten Kontakt mit anderen Menschen, so dass Streitigkeiten im Internet häufiger zu finden sind.

7.12 Multiple Therapeuten

Viele Psychisch Kranke verspüren im Laufe der Zeit das starke Bedürfnis, anderen Menschen zu helfen und in der Welt etwas zu verbessern, entweder in Helferberufen aber auch in einem hohen Engagement für andere in der Freizeit. Ein Helferberuf ist bei einer sehr schwerwiegenden Erkrankung wie DIS meiner Meinung nach problematisch.

Gerade ein Helferberuf erfordert eine stabile Persönlichkeit ohne Persönlichkeitswechsel, vor allem z.B. als Therapeut/in ist dies notwendig, da sich sonst auch hier negative Übertragungen/eigene Probleme auf den Klienten übertragen können (s. auch ein Problem in Selbsthilfegruppen), die nicht angemessen reflektiert werden können. Der Klient/die Klientin findet sich selbst durch das Verhalten des Therapeuten/der Therapeutin in einem Wechselspiel von Identifikation und Übertragung. Dabei sind jedes Wort und Verhalten des Therapeuten/der Therapeutin bedeutsam, auch jeder emotionale und nonverbale Kontakt. Als Multiple/r ist es schwierig, das eigene Verhalten ausreichend kontrollieren zu können.

Auch in anderen Helferberufen, z.B. bei einer Arbeit im Krankenhaus, können sich Wechsel und Amnesien verheerend auswirken. Ob und welcher soziale Beruf gewählt wird, sollte sorgfältig überdacht werden. In manchen „sozialen" Studiengängen oder Berufen ist auch häufig eine Tätigkeit in einem nicht – therapeutischen Tätigkeitsbereich (z.B. Verwaltung) möglich und kann eine gute

Alternative darstellen.

Ein weiterer Punkt des überdurchschnittlich starken Dranges zu Helfen, ob beruflich oder privat ist häufig der Wunsch, die eigenen Probleme über das hohe Engagement für andere zu vergessen. Jedoch kann nur der/die anderen wirklich helfen, der/die mit sich selbst im Reinen ist oder um die eigenen Probleme weiß. Bsp.: Selbst noch täglich missbraucht zu werden oder gar in Kultstrukturen zu stecken, ggf. ohne es zu wissen und anderen durch ein übermäßig hohes Ausmaß an Engagement helfen zu wollen, tut weder einem selbst noch dem zu Helfenden gut.

All diese Ausführungen bedeuteten natürlich nicht, dass man nicht hilfsbereit sein sollte, sondern beziehen sich auf übermäßig stark ausgeprägtes Hilfeverhalten, bei dem die eigenen Probleme ignoriert werden und das Hilfeverhalten diesem Zweck dient.

7.13 Entmündigung

Eine weitere Form des problematischen Helfens liegt darin, wenn durch die Hilfe der Hilfesuchende entmündigt wird, der Helfer/die Helferin dem/der Hilfesuchenden die eigenen Ansichten nahe bringen möchte, ohne die Ansichten des/der Hilfesuchenden zu respektieren.

Vor übermäßig großzügig anmutenden Hilfsangeboten, wie z.B. bei jd. wohnen zu können, den man bisher kaum kennt, sollte man sich in acht nehmen. Übermäßig stark anmutende Hilfe oder die Betonung eines Helfers, wie sehr er sich doch um die zu Helfenden bemüht, sind häufig eher mit Machtstreben verbunden. Ein Helfer, der den/die Hilfesuchende/n respektiert, lässt ihn/sie eigene Lösungen finden, lässt auch Kritik an der eigenen Person zu, ohne aggressiv zu werden und fällt keine statischen Urteile über andere, die nicht mehr korrigierbar sind.

Der Kontakt im Rahmen von Selbsthilfegruppen sollte ein wechselseitig ausgeglichener Kontakt von Geben und Nehmen sein, nur im therapeutischen Kontext ist der Klient im Rahmen der Sitzung auf der „Nehmerseite". Geschieht dies in einer Selbsthilfegruppe, wird sie unausgewogen und die Dynamik allein von Gebern oder allein von Nehmern bestimmt und es bilden sich ungesunde Machtstrukturen von Seiten des Gebenden oder des Nehmenden oder beiden.

Selbsthilfegruppen sollten nicht mit Therapie verwechselt werden, genauso wenig sollten Laienhelfer, gerade Helfer, die selbst nicht multipel sind, sich mit Tipps zur Gesundung eines Systems zu weit aus dem Fenster lehnen. Experte ist jeder nur für sich selbst. Weder Personengruppen noch Eigenschaften von Personen sollten in Gruppen moralisch verurteilt werden, (natürlich nur so lang es sich nicht um kriminelle Denkweisen handelt), auch wenn sie nicht der eigenen Weltanschauung entsprechen. Es gibt keine besseren oder schlechteren Menschen und keine, die etwas besser machen als andere.

7.14 Gesundes Hilfeverhalten

Der Wunsch, etwas in der Welt zu verbessern, etwas zu bewirken, etwas zu ändern ist sehr wichtig und kann Kraft geben, nicht allen Missständen der Welt hoffnungslos ausgeliefert zu sein, wichtig zu sein für die Welt und für andere. Solange man sich auch selbst dabei sieht und beobachtet, ist das eine gesunde Motivation, etwas zu erwirken und mit Spaß und Freude verbunden. Das ist positiv und gesund.

8. Heilung

8.1 Das multipel - Sein loslassen

Multipel zu bleiben, bedeutet Sicherheit durch alte Muster zu erleben und es ist beruhigend, auf das Gewohnte zurückgreifen zu können und auch ein wichtiger Schutz, um von schmerzhaften Erfahrungen nicht überflutet zu werden.

Das offizielle Ziel von Therapeuten ist manchmal die Fusion aller Persönlichkeiten zu einer einzigen integrierten Persönlichkeit. Nicht alle multiplen Menschen möchten oder können sofort oder über längere Zeit alle Persönlichkeiten integrieren. Diese Entscheidung sollte respektiert werden! Jede(r) DIS - Betroffene sollte selbst entscheiden dürfen ob er / sie sich mit den Traumata auseinandersetzen möchte. Wichtig ist, dass der / die Betroffene selbst darüber entscheiden kann und das erreicht wird, was für den jetzigen Zeitraum die höchste Lebensqualität bringt. Diese Entscheidung kann immer wieder überprüft und verändert werden, in beide Richtungen. Am Wichtigsten sind die intuitiven Entwicklungsbedürfnisse eines / einer Betroffenen.

Integration einzelner Personen oder Personengruppen kann eine große Erleichterung sein und neben der Traumaintegration auch ein wunderschöner Prozess sein. Es kann sehr spannend sein, die Eigenarten und Vorlieben der einzelnen Persönlichkeiten kennen zu lernen. Der Körper fühlt sich fülliger und runder an, zum ersten Mal im Leben entsteht das Gefühl etwas wie ein „eigenes Selbst" oder einen „eigenen Kern" zu besitzen. Ein Körper, der zuvor eine Hülle war, füllt sich mit Inhalt und wird bunter und reicher an Farben und Inhalt. Das kennen Lernen der anderen kann Vergnügen bereiten, wenn plötzlich deren Eigenschaften übernommen werden und damit auch deren Stärken und Kompetenzen. Integration funktioniert nicht mit Druck. Dazu ist nichts weiter nötig, als sich tief zu entspannen und die nachfolgende Ruhe zuzulassen. Integrieren ist nicht gefährlich und nicht nur unangenehm. Es kann sehr schön sein, zu spüren, wie Kraft zusammenfließt. Aber Integration erfordert Geduld und ist auch mit Rückschritten verbunden. Je weiter das Gute fortgeschritten ist, desto schwerer fällt es manchmal, Rückschritte auszuhalten. Aber jeder erreichte Schritt und jede Entwicklung, auch eine zeitweise Entwicklung, die scheinbar rückwärts verläuft, ist ein Gewinn. Integration ist ein Lernprozess. Nur Schritt für Schritt kann herausgefunden werden, wie dieser vonstatten geht.

8.2 Alltag/Arbeit

Es kann für Multiple sehr schwer sein, einer geregelten Arbeit nachzugehen, insbesondere vor Beginn einer Therapie, in Zeiten, in denen starke Flashbacks das Leben beeinträchtigen oder in Zeiten, in
denen sich Persönlichkeitsanteile integrieren. Starke Depressionen
können das Gefühl hervorrufen, völlig handlungsunfähig zu sein.

Ein multipler Mensch muss tagtäglich sehr viel leisten, mehr als die
meisten anderen Menschen, die nicht durch eine Erkrankung beeinträchtigt sind. Es muss für die inneren Kinder gesorgt sein, wenn
Kinder geboren wurden für die Außenkinder und eine Familie, möglicherweise auch noch für einen Beruf.

Im Laufe der Heilung ist es manchmal nicht immer möglich, alle äußeren Anforderungen perfekt zu erfüllen und es ist wichtig, das zu
registrieren, wenn sich Überforderung bereits eingestellt hat und die
Verpflichtungen nicht mehr oder nicht mehr so schnell erfüllt werden
können. Auch wenn sich das Gefühl einstellt, nichts könnte verscho-
ben werden, sollte auch klar sein, wie viel Leistung tagtäglich er-
bracht werden muss, allein schon um zu überleben. Zusätzlich Druck
und Gewissensbisse zu entwickeln, weil etwas nicht perfekt funktioniert, ist eine zusätzliche Belastung für jede/n einzelne/n im System,
deshalb ist es sehr wichtig, eine solche Form des Drucks zu vermeiden. Das ist möglich, wenn immer wieder klar werden darf, was auch
an innerer Bewältigung geleistet werden muss. Dies ist eine
außerordentlich schwere und belastende Aufgabe, die Menschen mit

DIS bewältigen müssen.

Es wird angenommen, dass schwer traumatisierte Menschen unter einer erhöhten Stressvulnerabilität leiden, die u.a. durch eine veränderte Ausschüttung des Nebennierenrindenhormons Cortisol deutlich wird. Das bedeutet, dass missbrauchte Menschen oder Menschen mit anderen traumatischen Erfahrungen durch äußere Reize wesentlich schneller ein Erschöpfungsstadium erreichen, als nicht traumatisierte Menschen. Auch daran sollte bei der Organisation des Alltages gedacht werden.

Aus all diesen Gründen kann es Sinn machen, sich Zeit zu nehmen, um sich ganz auf die Heilung konzentrieren zu können und das ohne Schuldgefühle, nicht genug zu leisten. Eine Möglichkeit ist, ggf. auch nur für eine Zeit eine Erwerbsminderungsrente zu beantragen., wenn die Voraussetzungen für den Bezug einer solchen Rente erfüllt sind. Wenn dies nicht der Fall ist, ist es möglich, eine Zeit von Arbeitslosengeld/Hartz4 zu leben und sich krank schreiben zu lassen. Bei dauerhafter Erwerbsunfähigkeit ist es möglich Grundsicherung im Alter und bei Erwerbsminderung zu beantragen. Im dem Fall, dass Arbeitslosengeld bezogen wird, ist es manchmal nicht falsch, wenn auch ein geschützter Status vorhanden ist, d.h. eine „offizielle Anerkennung" als „psychisch krank", z.B. durch eine Betreuung. (Es gibt auch nicht – gesetzliche Formen der Betreuung), ärztliche Atteste, Klinikberichte etc. Ansonsten könnte das Arbeitsamt Geld entziehen, wenn es meint, man sei erwerbsfähig und zu einer Arbeit drängen, die gar nicht geleistet werden kann. Günstig ist es dann auch

manchmal, wenn irgendeine offizielle Art der Beschäftigung aufge-
wiesen wird, z.b. eine Tagesstätte für psychisch Kranke besucht
wird oder eine Arbeitsstätte für psychisch Kranke. Notwendig ist dies
aber nicht und manchmal auch nicht möglich. All das ist möglicherweise besser, als in eine Arbeit gepresst zu werden, die momentan
nicht erfüllt werden kann.

Ein Leben am Existenzminimum kann ebenfalls belastend sein. Deshalb sollte abgewägt werden, was für die derzeitige Situation am
Besten ist. Keine Entscheidung muss eine Entscheidung für immer
sein. Das Leben kann immer wieder neu angepasst werden. Das
was geleistet wird, sollte in keinem Fall über - oder unterfordernd
sein, egal was.

8.3 Intuition

Eine der wichtigsten Dinge, die ein multipler Mensch meines Erachtens beachten sollte, ist die eigene Intuition. Das Wissen um Dinge,
die einen selbst betreffen, wird immer wieder durch die Außenwelt in
Frage gestellt. Das Multipel sein wird nicht immer ernst genommen,
auch nicht möglicherweise vorliegender Missbrauch. Es gibt auch
Therapeuten, die leider nicht die richtige Diagnose stellen oder die
Existenz von DIS abstreiten. Ebenso reagieren häufig Freunde und
Bekannte mit Unverständnis und stellen merkwürdige Theorien über
die Existenz von DIS auf. In solchen Fällen ist die Entwicklung von
Ich-Grenzen sehr wichtig, um nicht an der Unterschiedlichkeit und
häufig Diffusität der Rückmeldungen über sich selbst zu verzweifeln.
Auch durch Personenwechsel bekommt die Umwelt ganz unter-
schiedliche Eindrücke und gibt dementsprechend ganz unterschiedli-
che Rückmeldungen.

Um sich in diesem Chaos zurechtzufinden, ist es mehr als wichtig,
den eigenen Entscheidungen und Urteilen über sich selbst zu trauen,
eine Fähigkeit die auch bei Multiplen eigentlich gut ausgeprägt ist,
aber durch die negativen Erfahrungen oft nicht wahrgenommen werden kann. Eine eigene positive Haltung zu sich selbst zu entwickeln,
ist die absolute Voraussetzung für die Lebensfähigkeit im Erwachsenenalter. Wertvolle Jahre der Heilung können allein dadurch ver-
schwendet werden, dass den eigenen Empfindungen und Wahrnehmungen misstraut wird. Durch falsche Diagnosen durchlaufen manche multiplen Menschen lange Jahre das Gesundheitssystem, ohne

eine angemessene Hilfe zu erhalten. Ein zu großer Zweifel an den eigenen Erfahrungen hemmt die Zusammenarbeit der einzelnen Persönlichkeiten untereinander.

An sich selbst zweifeln zu müssen ist eine Erfahrung, die in der Kindheit das Multipel sein u.a. begünstigt hat, im Erwachsenenalter sollte dies gestoppt werden, um immer mehr negative Erfahrungen und Wahrnehmungsverdrehungen durch andere zu vermeiden. Dies ist eine Arbeit, die nur jede multiple Frau für/jeder multiple Mann für sich selbst entscheiden kann. Niemand sonst kann die Übernahme der eigenen Perspektive herbeiführen.

8.4 Kommunikation

Alltagsbewältigung und vor allem das subjektive Wohlbefinden können sich verbessern, wenn die Zusammenarbeit zwischen den einzelnen Persönlichkeiten besser wird. Es gibt verschieden Möglichkeiten, mit denen die Zusammenarbeit besser funktionieren kann. Diese sind möglicherweise aber nicht bei jedem hilfreich und sicher gibt es über die angegebenen Möglichkeiten Kontakt zu finden hinaus noch viele mehr.

8.4.1 Entspannung und Autosuggestion

Manchmal ist es hilfreich, sich selbst in einen entspannten Zustand zu versetzen. Das Erlernen Autogenen Trainings kann hierbei hilfreich sein. Wenn die Übung zu unangenehm ist oder zu viel Unwohlsein hervorruft, sollte sie nicht durchgeführt werden. Eine Entspannungsübung kann darin bestehen, sich ganz entspannt hinzulegen und hinzusetzen, wenn man möchte, die Augen zu schließen und tief ein- und aus zu atmen. Dabei sollte die Wahrnehmung völlig auf die eigene Person konzentriert werden. Alle anderen Reize sollten entspannt wieder losgelassen werden. Man kann sich vorstellen, ganz ruhig zu sein und zu bleiben, sich eine Geschichte ausmalen, einen Strand oder einen anderen Ort, an dem man gerne wäre, an dem man sich sicher und wohl fühlt. Ein Ort, der nicht gefährlich ist und an dem man ganz alleine ist. Dabei kann man immer wieder darauf achten, ob man sich ruhiger und immer ruhiger fühlt. Am Besten ist es, sich immer wieder ähnliche Dinge vorzustellen, am Besten die gleichen, damit in Krisensituationen (z.B. bei oder nach einem Flashback) das Erinnern an ein Vorstellungsbild schneller hervorgerufen werden kann. Der Ort, den man sich vorstellt, sollte so schön und sicher wie möglich ausgestaltet werden. Wenn die Vorstellung an den Ort ganz klar ist, ist es oft hilfreich, sich vorzustellen, man führe eine bestimmte Körperbewegung durch (z.B. mit dem kleinen Zeh wackeln), die niemand anderer sehen muss. Aufgrund dieser Bewegung kommt bei ausreichender Übung das Vorstellungsbild auch im nicht entspannten Zustand wieder hervor, wenn es benötigt wird. SEHR wichtig nach einer Entspannungsübung ist es, sich wieder in die Realität zurückholen zu können, d.h. die Wahrnehmung darauf richten zu können, wo man sich gerade befindet, was gerade um einen herum geschieht und wer man selbst und was die Außenwelt ist. Dazu kann man sich einsuggerieren, dass man wieder „ganz da" ist, sobald bzw. bevor man die Augen aufmacht und den Kreislauf durch Beugen und Strecken der Arme anzuregen. Wenn man dann immer noch nicht ganz wieder im jetzigen Raum ist, hilft es, hin - und herzulaufen, kräftig mit den Füßen aufzustampfen oder sogar eine Runde zu joggen, um den Körper wieder wahrzunehmen.

In einem entspannten Zustand ist es auch möglich, mit den anderen Persönlichkeiten Kontakt aufzunehmen. Hierzu ist nichts weiteres nötig, als sich zu entspannen. In einem entspannten Zustand teilen sich andere Persönlichkeiten manchmal mit, und es ist nichts anderes nötig, als zuzuhören. Wenn unangenehme Gedanken auftauchen, sollten diese gestoppt werden und evtl. auftauchende Traumabilder in ein weiter entferntes Bild projiziert werden (s. Flashbacks).

In einem entspannten Zustand ist es auch besonders gut möglich, sich selbst Dinge zu sagen, die andere Persönlichkeiten erreichen sollen. Es hat einen sehr positiven Effekt, wenn Sätze in einem entspannten Zustand immer wieder wiederholt werden, z.B. der Satz: „Ihr seid gut." oder „Ich mag Euch.", „Wir schaffen das." etc. Auf den ersten Blick hört sich das möglicherweise „blöd" an, dennoch ist die Wirkung autosuggestiver Einflüsse gerade bei Multiplen nicht zu unterschätzen. Manche Menschen üben jahrelang, sich in einen Trancezustand zu versetzen, um Grenzerfahrungen zu machen und sich selbst kennen zu lernen. Diese Fähigkeit wurde Multiplen in die Wiege gelegt und aus leider horrenden Erfahrungen heraus geübt. Aber die Fähigkeit, die multipel gemacht hat, nämlich die, zu dissoziieren, kann auch zu Heilungszwecken eingesetzt werden und sollte genutzt werden. Ein Trancezustand ist auch ein dissoziativer Zustand, in dem andere Persönlichkeiten sehr gut für Mitteilungen empfänglich sind und diese auch aufnehmen. Nach allen negativen Erfahrungen ist es besonders wichtig, sich nun auch gute Erfahrungen zu geben. Autosuggestive Sätze können aber auch im aktivierten Zustand immer wieder vorgesagt werden. Durch ihre Konsistenz und Wiederholung prägen sie sich allmählich ein.

8.4.2 Tagebuch

Sehr hilfreich für die innere Zusammenarbeit ist das Führen eines Tagebuchs, in dem alle Persönlichkeiten mitteilen können, was sie mitteilen möchten. Es müssen nicht alle Innenpersonen das Tagebuch führen, nur die, die das möchten. Ein Tagebuch kann bei der Alltagsgestaltung sehr hilfreich sein. Termine können abgesprochen werden, und man kann die anderen Persönlichkeiten kennen lernen und ihnen helfen, wenn sie Hilfe brauchen, insbesondere den Kindern.

8.4.3 Spielen, malen, schreiben und Kreativität

Einen besonderen Raum in der Therapie sollten die Kinder erhalten, um sich von den häufig sehr schweren Traumata erholen zu können. Sie haben die Bedürfnisse eines jeden Kindes, das Bedürfnis nach Sicherheit, Wärme, Liebe und Geborgenheit, das Bedürfnis zu spielen und Freude am Schaffen zu erleben. Jugendliche haben das Bedürfnis, ihre Interessen auszuleben, vielleicht mal in die Disko zu gehen, sich flippig zu kleiden oder einem außergewöhnlichen Hobby nachzugehen. Diesen Raum sollte man den inneren Kindern und Jugendlichen zugestehen. Auch wenn das nur zeitlich begrenzt möglich ist, sollte man ihnen immer wieder Raum geben und versuchen, mit ihnen in Kontakt zu bleiben – wie auch zu den anderen im System - damit sich alle Anteile ernst genommen und vom System geborgen fühlen. Die Kinder brauchen Raum, aufzuholen, was sie nie leben durften. Sie brauchen Liebe, Geborgenheit und volle Unterstützung von den älteren Innenpersonen und ebenso ist es wichtig, dass diese sich untereinander stützen und respektvoll behandeln.

Krach und Abneigung innerhalb des Teams löst Chaos und negative Gefühle aus, deshalb ist es ganz wichtig, dass alle zusammenarbeiten, statt sich gegenseitig immer nur zu korrigieren oder Vorwürfe zu machen. Niemand im System ist schlechter als der andere, auch wenn sich nicht alle Persönlichkeiten untereinander gleich gut verstehen und es auch einmal zu Streitereien kommt. Im Sinne einer besseren Zusammenarbeit sollte jede/r im System den/die anderen so akzeptieren, wie er/sie ist, mit allen Stärken und Schwächen.

Insbesondere sollten die Stärken der einzelnen Personen herausgestellt werden. Für alle sollte Zeit da sein, sich zu entfalten, ihre Kreativität und ihre Begabungen auszuleben, denn das ganze Team braucht nicht nur die negativen Erfahrungen von den anderen, sondern vor allem die positiven. Damit kann das Wohlbefinden und die Gestaltung des Alltages stark verbessert werden. Was die eine Person nicht kann, kann mit Hilfe einer anderen besser und schneller erledigt werden. Mit kreativem Schaffen, wie malen, spielen, zeichnen, schreiben, künstlerischem und musikalischem Wirken, kann jede/r seine Begabungen voll entfalten und für das gesamte Team einsetzen.

Innere Kommunikation sollten OHNE Zensur durchgeführt werden. Auch, wenn man Nachrichten anderer Persönlichkeiten als unglaubwürdig oder negativ bewertet, sollten diese sehr ernst genommen werden, damit die Person sich ernst genommen fühlt. Die Mitteilung einer anderen Person ist eine Form, sich mitzuteilen und dieses Gefühl brauchen ALLE Anteile im System. Jede/r darf so sein wie er/sie ist. Das ist ganz wichtig.

8.4.4 Konzentration und Aufmerksamkeit

Multipel zu sein hat sehr viel mit Aufmerksamkeitsdefiziten zu tun. Diese werden zwar durch einen sehr lange unkontrollierbaren Mechanismus, den der Dissoziation, hervorgerufen, dennoch kann dieser mit langer Übung beeinflusst werden, indem man versucht, die Aufmerksamkeit auf das zu richten, was unmittelbar in der Umgebung geschieht und dies so bewusst wie möglich wahrzunehmen. Um dies zu schaffen, müssen möglicherweise andere Reize ausgeschaltet werden. Eine gute Möglichkeit zu üben, die Aufmerksamkeit zu behalten, sich also zu konzentrieren, ist das Lesen eines Buches, Fernsehen oder das Anhören eines Vortrages. Dabei sollte darauf geachtet werden, ganz bewusst jedes einzelne Wort wahrzunehmen und zu verstehen. Dies ist sehr schwer und manchmal sicher auch nicht möglich, aber es ist eine gute Übung, wie auch andere Persönlichkeiten erreicht werden können, denn wenn die Wahrnehmung bei einer Sache ist und bleiben muss, können die Wechsel co - bewusst erlebt werden, d.h. das, was man gerade selbst als ich erlebt, kann DABEI sein, wenn eine andere Persönlichkeit die Kontrolle übernimmt, weil ICH mich ja auf die Außenwelt konzentrieren MUSS. Wenn diese Übungen mit Trancezuständen oder verstärkten Amnesien und Persönlichkeitswechseln einher gehen, sollten sie allerdings nicht gemacht werden. Diese Form der Übung entstammt meiner eigenen Theorie und Erfahrung und gehört nicht zu fachlich beschriebenen Heilungsmöglichkeiten.

8.4.5 Struktur

Um Näheres über andere Persönlichkeiten kennen zu lernen und um zu lernen, Persönlichkeitswechsel selbst zu steuern, kann es hilfreich sein, zu versuchen, die Auslöser für einen Persönlichkeitswechsel zu identifizieren. Dies setzt aber voraus, dass Wechsel bereits von der Person, die versucht, die Auslöser für einen Wechsel zu identifizieren, wahrgenommen werden können, deshalb ist diese Übung zu Beginn einer Therapie eher schwierig. Um die Kommunikation zu fördern, ist es auch hilfreich, sich abends hin zu setzen und zu versuchen, nachzuvollziehen, was man den ganzen Tag gemacht hat. Manchmal bekommt man dann durch vage Bilder oder Informationseingebungen Kontakt zu den anderen Persönlichkeiten, die an einem Tag aktiv waren. Wenn dies nicht funktioniert ist das überhaupt nicht schlimm!!! Unter Druck sollte keine Annäherung an die anderen Persönlichkeiten versucht werden.

9.Schlusskapitel des ersten Teils

Am Wichtigsten für eine DIS - Therapie ist der eigene Umgang mit sich selbst. Alle Dinge, die hier im Buch beschrieben wurden, sind nicht möglich, ohne eine große Empathie mit sich selbst. Ohne diese ist keine Heilung möglich. Jahrelang wurde dem multiplen Menschen einsuggeriert, er solle an Dinge glauben, die der Täter/die Täterin/die Täter erzählte/erzählten, er solle Dinge machen, die der Täter/die Täterin/die Täter wollte/wollten. Im Arbeitsleben werden hohe Forderungen gestellt, ebenfalls von der Familie und Freunden / Freundinnen, Therapeuten / Therapeutinnen, Behörden etc.. Die meisten multiplen Menschen lernen zwar in der Therapie, dass sie für sich sorgen sollten, ihre Rechte einfordern sollten, viele tun dies im Akutfall aber nicht, weil manche Situationen zu sehr an die frühere Missbrauchssituation erinnern. Auch im Erwachsenenalter leben viele multiple Menschen noch in destruktiven Beziehungen oder sind nicht in der Lage, ihre Rechte einzufordern. Oftmals liegt das nicht daran, dass sie es nicht könnten, sondern daran, dass die Wahrnehmung vom/von der/von den Täter/Täterin/Tätern so verdreht wurde, dass überhaupt nicht bekannt ist und differenziert werden kann, was die eigenen Rechte überhaupt SIND. So kann es sehr hilfreich sein, einmal einen nicht – traumatisierten und selbstbewussten Menschen zu fragen, wie er von anderen behandelt werden möchte und was er bei einem konkreten Problem tun würde und wie er sich vertreten würde. So kann man annähernd einen Eindruck darüber erhalten, welche Dinge, die möglicherweise immer noch zu Unrecht geschehen, nicht gerechtfertigt sind. Natürlich ist hierbei auch zu beachten, dass jeder

Mensch hier andere Wertigkeiten hat und Richtlinien immer nur eine ANREGUNG sind, wenn die eigene Wahrnehmung gerade ganz verdreht ist. Grundsätzlich sollte jeder multiple Mensch für sich - meines Erachtens - aber ganz bewusst eigene – natürlich gewaltfreie - Wertigkeiten finden, seine eigenen Wahrnehmungen entwickeln und sich bewusst dazu entschließen, diese auch zu vertreten. Wie Jugendliche müssen multiple Menschen ihre eigenen Lebensvorstellungen entwickeln, ihr eigenes Sein mit den eigenen Identitäten, dem eigenen Lebenssinn.

An alle multiplen Menschen

Ihr habt möglicherweise jahrelang erhebliche Gewalt erlebt und seid Euch vielleicht sogar Eurer eigenen Daseinsberechtigung und Eures eigenen Wertes unsicher. Immer wieder stellt Ihr Euch selbst in Frage und werdet in Frage gestellt. Dies zieht sich durch das ganze Leben, endet vielleicht auch nicht, denn es gibt kein Leben das nur gut ist. Das Leben bleibt schwierig, ist manchmal schmerzvoll, und es wäre eine Illusion, zu glauben, dass es perfekt werden könnte. Aber das, was ich selbst bin ist meine Perfektion. Das was ich für mich bin, das was ich für mich und die Welt darstelle ist das, was für mich perfekt ist. Es ist das, was ich anstreben kann, kein Ziel für die anderen, kein Ziel für die äußere Welt, kein Ziel für die Struktur, in der man lebt. Wichtig ist „ich selbst" , „wir selbst" zu sein, nach Jahren der Folter und nach Jahren leidvoller DIS –Erfahrungen. Erlaubt Euch, endlich innen zu genießen, was bisher nicht genossen werden durfte, Euch zu holen, was verboten war, an das zu glauben, an das

IHR glaubt und niemand sonst, Euch zu lieben und Euch selbst zu führen, so wie Ihr es für Euch braucht. Heute könnt Ihr Euer Leben ganz nach eigenem Wunsch entfalten, den eigenen Sinn des eigenen Lebens endlich SELBST definieren. Niemand darf in die Gestaltung Eures Lebens noch herein reden. Hierfür ist auch eine Entscheidung notwendig. Die Entscheidung, sich zu vertreten und sich zu lieben und sich nicht zu hassen, wenn dies einmal nicht möglich ist. Wenn man auf eine Blume drückt, wenn sie anfängt, sich zu entfalten, wird sie zugrunde gehen, genauso Ihr, wenn Ihr Euch unter Druck setzt und Euch verbietet, Euch frei zu entfalten mit allen Stärken und allen Fehlern. Selbst – vertrauen bedeutet, sich und den anderen Innenpersonen endlich vertrauen zu können und zu dürfen. Dies war niemals erlaubt, aber heute ist es erlaubt, und Ihr könnt Euch sicher sein, dass Ihr für Euch und die anderen die richtigen Entscheidungen treffen könnt und werdet, wenn Ihr nur Euch selbst folgt und dem was Ihr intuitiv spürt. Jeder Mensch hat eine andere Wahrnehmung über die Welt, die er für sich richtig findet. Ihr dürft die Eure haben und endlich – LEBEN!

Meine kleine Hütte

Erst war ich viele. Dann war ich alle. Danach war es vorbei.

Kurze Zeit darauf erkannte ich was mich beunruhigte. Es war nur die Vergangenheit.

Mehr war es nicht.

Ich hatte jetzt schon eine Gegenwart und eine Zukunft.

Ich fing an, mir eine Hütte zu bauen, die nur mir allein gehörte. Mit allen anderen zusammen plante ich, wie die Hütte aussehen sollte, in der wir alle zusammen wohnen konnten.

Unser sicherer Ort. Wir weinten zusammen, wir lachten zusammen, wir erzählten uns unsere Geschichten, wir spielten, aßen zusammen, schrieben zusammen in unser Tagebuch wir alle.

Als wir schon älter waren, fingen wir an, uns gegenseitig gern zu haben. Das war so schön. Von da an wurde es in unserer Hütte bunt. Wir fingen an zu zaubern. Dennoch war es jetzt schon vorbei.

Irgendwann mussten wir nicht mehr zaubern. Wir gehörten uns zusammen. Wir waren schon so ganz und alles war plötzlich so bunt.

Wie konnte das möglich sein? Wir hatten doch eigentlich gar nichts besonderes getan, außer ein letztes Mal zu zaubern, bevor es endgültig vorbei war. Und so wurde es bunt.

Plötzlich gab es einen kurzen Augenblick, in dem ich mich sah. Nur mich allein in meiner Hütte, in MEINEM einzigen Raum und MEINER einzigen Zeit.

War das möglich? Oder hatte ich mich getäuscht? Nein es ist wahr.

Ich wurde unruhig. Ich bekam Angst. Was, wenn ich weiterging, was kommt danach? Ich zögerte und saß in meiner Hütte. Ich war verzweifelt. Ich wusste nicht, was ich tun sollte. Sollte ich noch warten?

Die Verzweiflung zerriss meine Seele, und meine bunte Hütte wurde wieder schwarz. Ich gab es auf, mich zu lieben. Ich schrie. Ich weinte, und dennoch gab es kein zurück.

Weil ich das wusste malte ich mein Hütte rot an. Ich wurde aggressiv, ich wollte leben. Ich wusste plötzlich, dass ich es wollte.

Ich kroch aus meiner roten Hütte und fing an zu rebellieren. Ich fing an zu wüten. Ich fing an zu kämpfen um mich. Aber so hatte ich keinen Erfolg.

Deshalb malte ich meine Hütte wieder bunt an und beschloss zu warten auf MEINE Zeit. Ich tat nichts außer zu warten und fing an, mich auf uns zu freuen. Ich schlief ein wenig und tat, was ich wollte. Es war an der Zeit.

Ich wartete geduldig und betrachtete aus meiner Hütte die Sonne und die Vögel, die an meinem Fenster vorbei flogen. Dann wachte ich auf, und die warmen Sonnenstrahlen wärmten michuns in
unserer Hütte. Als es vorbei war, wussten wir, was geschehen war. Wir setzten uns

nieder und schrieben es für uns auf. Es war die Gewalt.

Der Weg war gekommen.

Es war meine Zeit.

Es war vorbei.

Es war das Leben davor. Es war nicht mehr das Leben in meiner Hütte. Es war längst vorbei.

So saß ich in meiner Hütte und schrieb an mich.
Wir sahen es. Es war die Zeit.

Wir lebten nun. Die Zeit war vorbei.

Es war ganz einfach. Es war ganz leicht. Es war einfach vorbei.

Später ging ich aus meiner Hütte heraus.

Die Zeit war um.

Als sie um war ging ich spazieren und betrachtete die Welt. Sie gefiel mir sehr gut. Ich habe gelacht.

Später baute ich die Hütte ab. Ich brauchte sie nicht mehr.

Es war vorbei. Schon lange bevor ich es selbst entschieden hatte.

Die Kunst lag nur darin, gar nichts zu tun.

Das hatte ich vorher nicht gewusst.

Ich lebte.

Ich bin zurückgekehrt. Ich bin wieder da.

Am Anfang und am Ende.

Ich liebe mich.

ICH

2. Teil

Wahre und falsche Erinnerungen

10. Wahre und falsche Erinnerungen

Dieses und das nachfolgende Kapitel wurden geschrieben, um etwas Licht in die Debatte zu bringen, ob Missbrauchserinnerungen „wahr" oder „falsch" sind. Im Verlauf der Ausführungen sollte deutlich werden, dass diese Frage sehr komplex ist und nicht einfach mit „ja" oder „nein" beantwortet werden kann, sondern einer sehr umfassenden Betrachtungsweise bedarf. Im 11. Kapitel wird auch deutlich werden, warum eine detaillierte Darstellung in sämtlichen Bereichen (Forschung, Medien, Therapie) zu dem genannten Thema wichtig ist.

Mittlerweile wird das Phänomen der Dissoziation für fehlende Missbrauchserinnerungen verantwortlich gemacht. Umstritten war das von Freud eingeführte Verdrängungskonzept, nach dem emotional aufgeladene und konflikthafte Gedanken aus dem Bewusstsein gehalten werden. Im Gegensatz zur Verdrängung wird Dissoziation als Verlust bewusster Kontrolle in traumatischen Situationen angesehen. Während des Traumas verlässt das Kind auf geistiger Ebene den Ort, an dem der Missbrauch geschieht. Dabei geht die Fähigkeit, Wissen, Gefühle und Erinnerungen zu integrieren verloren und das Kind ist später für die Missbrauchssituation amnestisch.

Autoren / Autorinnen wie Loftus, Ketcham und Yapko halten einen Großteil wieder entdeckter Erinnerungen für durch den Therapeuten / die Therapeutin einsuggeriert, insbesondere nach der Anwendung hypnotischer Verfahren. Obwohl einige Therapeuten / Therapeutinnen den Wahrheitsgehalt von Missbrauchserinnerungen nicht hinterfragen, Hypnosetechniken trotz unzureichender Ausbildung anwenden und über die Funktionsweise des menschlichen Gedächtnisses nicht informiert sind, kann daraus aber nicht geschlossen werden, dass jede Missbrauchserinnerung aufgrund suggestiver Einflüsse auftritt.

10.1 Gedächtnisforschung – Abwehr psychischer Traumata

Studien über Erinnerungen sind von vielen Kontroversen gekennzeichnet: Es herrscht Uneinigkeit darüber, ob ein einziges oder mehrere Gedächtnissysteme vorhanden sind (Schacter und Tulving 1994) oder ob Erinnerungsfehler bei der Speicherung oder beim Abruf von Gedächtnisinhalten auftreten (Loftus und Loftus 1980). Alle Untersuchungen die gemacht wurden sind in der Regel auf Laborstudien beschränkt und nicht immer generalisierbar. [1]

Es herrscht generelle Übereinstimmung darüber, dass Erinnerungen keine exakte oder fotografische Repräsentation von allen Aspekten der Vergangenheit darstellen. Eine Reihe von kognitiven Psychologen glauben, dass Erinnerungen von vergangenen Erfahrungen aus Kombinationen von gespeicherten Fragmenten einer Erinnerung, Vorwissen, subjektiven Meinungen, den Erklärungen, die der Betroffene / die Betroffene bezüglich einer Erfahrung hat und den Bedingungen der Umgebungssituation zustande kommt (cf. Bartlett 1932, Conway und Rubin 1993, Jacoby et al. 1989a, Johnson et al. 1993, Neisser 1967, Schacter 1989, 1996, Tulving 1983). [2]

Auch Neurowissenschaftler gehen davon aus, dass Erinnerungen auf der Basis von einzelnen Fragmenten gespeichert werden, die über den gesamten Cortex (Hirnrinde) verteilt sind und es nicht einen

---

[1]   Schacter, Koutstaal, Norman in Conway, 1997, Kap. 4

[2]   Schacter, Koutstaal, Norman in Conway, 1997, Kap.4

Ort im Gehirn gibt, in dem „dieses Ereignis" gespeichert wird. Die verschiedenen Erinnerungskomponenten werden durch mediale temporale Gebiete (Bereich der Hirnrinde) oder andere Systeme verbunden, die mit corticalen Arealen bei Speicherung und Abruf von Ereignissen kooperieren (Damasio 1989, Mc Clelland et al. 1995, Squire 1987, 1992).[3] Die Tatsache dass Erinnerungen „zusammengebaut" werden bedeutet nicht, dass sie immer falsch sind, in vielen Situationen sind sie wahrheitsgemäß. Dennoch können auch falsche Erinnerungen ein Nebenprodukt dieser fragmentarischen Speicherungsform sein (Schacter 1996). [4]

Zahlreiche Studien zeigen, dass Ereignisse, die mit hohen emotionalen Belastungen einhergehen und traumatische Ereignisse über die Zeit auf eine andere Art und Weise erinnert werden als nicht belastende Ereignisse (z.B. Christianson 1992a). Eine wichtige Erkenntnis dabei war, dass traumatische Erinnerungen bei Kindern und bei Erwachsenen in der Regel in bzg. auf den zentralen „kritischen Punkt", der mit der emotionalen Reaktion verbunden ist, genau und konsistent sind (Christianson 1992b, Heuer und Reisberg 1992, Rudy and Goodman 1991, Terr 1990). Das heisst nicht, dass traumatische Erinnerungen im Detail immer ganz richtig sind, z.B. die äußere Situation (Ort, Zeit etc.) und die Ereignisse vor und nach dem Trauma (Christianson und Loftus 1990, Christianson und Nilsson 1984, Lof-

---

[3]   Schacter, Koutstaal, Norman in Conway, 1997, Kap.4

[4]   Schacter, Koutstaal, Norman in Conway, 1997, Kap. 4

tus und Burns 1982).[5]

Ein weiteres wichtiges Resultat von Studien war, dass traumatische Erinnerungen nicht immer zugänglich sind obwohl sie prinzipiell zu Verfügung stehen. So gibt es zahlreiche Belege dafür, dass Erinnerungen an Traumata durch Amnesie verloren werden können und später wieder erinnert werden können. Die Autoren schlagen deshalb zwei opportunistische Mechanismen vor, die bei der Speicherung und beim Abruf von Traumata einsetzen.

Der erste Mechanismus ist wichtig, um traumatische Situationen zu identifizieren, was eine überlebenswichtige Bedeutung hat. Angemessene Reaktionen auf die Situation können erst nach dem Erkennen dieser Situation entwickelt werden.

Die Existenz von Flashbulb memories an traumatische Erfahrungen weist auf den benannten Aufnahmemechanismus hin. (Brown and Kulik 1977). Traumatische Ereignisse und die spezifischen Umstände werden hierbei genau erinnert. Flashbulb memories sind zwar anfällig für Fehler, bleiben jedoch in der Erinnerung der Betroffenen / des Betroffenen sehr konsistent (Winograd und Neisser, 1992)

Der zweite Mechanismus: dient ebenfalls überlebenswichtigen Funktionen, dem Vergessen von traumatischen Erfahrungen, da nicht jede Erfahrung permanent erinnert werden kann. Zur Abwehr negativer oder traumatischer Erfahrungen sind verschiedene

---

[5]   Christianson, Engelberg in Conway, 1997, S.230

Abwehrmechanismen bekannt.

Beide Mechanismen laufen automatisch ab, sind nicht bewusst steuerbar und können bei Speicherung und Abruf (Johnson und Multhaupt, 1992), bei Systemen, die die Wahrnehmung repräsentieren (Tulving und Schacter 1990) und bei präattentiven Mechanismen (Mechanismen, die die Aufmerksamkeit betreffen) (Öhman und Dimberg 1984) stattfinden. Eine Erinnerung wird dann komplett vergessen, wenn das Individuum die Erfahrung nicht mit existierenden Schemata in Verbindung bringen kann. Erinnerungen können auch teilweise vergessen werden. Hier finden oft bewusste kognitive Steuerungsmechanismen durch den Betroffenen / die Betroffene statt. [6]

---

[6]   Christianson, Engelberg in Conway, 1997, S. 231

10.2 Evidenz für wahre Erinnerungen

Gemäß Kritikern gibt es oft keine beweiskräftigen Hinweise für Missbrauchserinnerungen. Da Missbrauch in der Familie in der Regel verdeckt wird, ist es schwierig, dieser Forderung nachzukommen. Tatsächlich wurden aber Fälle wieder erinnerten Missbrauchs bekannt, bei denen sich das Geschehen dennoch nachweisen ließ, z. B. bei Schooler 1994 und Schooler, Bendiksen und Ambadar, 1997. Feldman – Summers und Pope (1994) berichteten, dass die Hälfte der befragten Therapeuten Beweise gefunden hatten, wie Aussagen von Tätern oder anderen, die den Missbrauch mit angesehen hatten oder selbst von dem Täter missbraucht wurden, Tagebücher und medizinische Berichte. Auch bei Untersuchungen von Feldman – Summers und Pope im Jahre 1997 konnten bis zu 74% der Betroffenen bestätigende Hinweise oder Bestätigungen für wieder entdeckte Erinnerungen finden.[7]

In einer Studie von Herman und Schatzlow erhielten 40% der Missbrauchten eine Bestätigung durch den Täter selbst, durch andere Familienmitglieder oder durch Beweise wie Tagebuchaufzeichnungen des Täters oder Fotografien. Auch die Genauigkeit der Erinnerungen unterschied sich nicht von der anderer Befragten, die sich immer an den Missbrauch erinnern konnten, obwohl die Frauen selbst die Erinnerungen anzweifelten.[8]

---

[7]   Schacter, Koutstaal, Norman in Conway, 1997, Kap.4

[8]   Bange, 2002, S. 64

Williams befragte in einer Studie (1994) 128 Frauen, die 17 Jahre zuvor mit körperlichen Symptomen sexuellen Missbrauchs deshalb in einem Krankenhaus behandelt worden waren. 38% der Frauen konnten sich an dieses Geschehen nicht erinnern, die meisten dieser Frauen erinnerten andere Missbrauchsepisoden aus ihrer Kindheit, 12% von ihnen erinnerten überhaupt keinen Missbrauch (Diskussion: Loftus et al. 1994b und Pope und Hudson 1995).[9]

Bei einer Befragung von Elliot (1997) stellte sich heraus, dass ein völliger Erinnerungsverlust bei 20% der Missbrauchsopfer, 16% der Zeugen von schweren Verletzungen oder des Todes eines Kameraden im Krieg, und 13% der Zeugen von häuslicher Gewalt stattgefunden hatte. Durchgängige Erinnerungen hatten zumeist die Opfer sexueller Gewalt, die nicht penetriert worden waren (94%), Opfer von Autounfällen (92%) und Naturkatastrophen (89%).[10]

Es wird von manchen Autoren angenommen, dass es ein besonderes Gedächtnis für traumatische Erfahrungen gibt. Aufgrund der extremen Erregung während des Traumas werden die Interpretation und die Integration des Geschehens mit Hilfe des semantischen Gedächtnisses unterbrochen und gespeichert werden der affektive Zustand, die somatische Empfindung und Gerüche, Geräusche und visuelle Bilder (Bohleber 2000).

---

[9]   Schacter, Koutstaal, Norman in Conway, 1997, Kap. 4

[10]   Bange, 2002, S. 63 bis 64

10.3 Evidenz für falsche Erinnerungen

Andere Autoren beschreiben, dass das Erinnern ein störanfälliger Prozess sei, weil die Ereignisse der Vergangenheit immer neu bearbeitet und überarbeitet würden. Zudem sagen sie aus, dass die Genauigkeit eines Erinnerungsprozesses durch den Grad der emotionalen Erregung, den Erwartungen an die Erinnerung, den zur Aufdeckung verwendeten Methoden und der Zeit, die seit dem Ereignis vergangen ist, beeinflusst wird.[11]

Manche Autoren halten Fälle von rituellem, z.B. satanischem Missbrauch für unglaubwürdig, da noch niemals hierüber Nachweise gefunden wurden. Anmerkung der Autorin: Dies überrascht nicht, weil es in der Regel nicht gelingt, den Missbrauch aufzudecken. In der Regel werden diese Fälle nicht angezeigt und wenn, sind die Betroffenen durch das extreme Ausmaß der Dissoziation und Gewalt nicht annähernd aussagefähig und ihre Aussagen sind durch das extreme Ausmaß der Dissoziation vor Gericht offiziell nicht verwertbar. Außerdem sind der Geheimhaltungsdruck und die Sicherheitsmaßnahmen in satanischen und anderen Kulten so hoch, dass keine objektiven Beweise gefunden werden können, insbesondere wenn die Taten Jahrzehnte zurück liegen.[12]

Vor einiger Zeit wurden in den Medien dennoch einige

---

[11] Schacter, Koutstaal, Norman in Conway, 1997, Kap.4

[12] Schacter, Koutstaal, Norman in Conway, 1997, Kap. 4

nachgewiesene Fälle satanischen Missbrauchs berichtet (Anmerkung der Autorin).

Ethische Grenzen machen die Suggestion von signifikanten Traumata zu Studienzwecken unmöglich, jedoch konnten in Laborstudien schwach stressende Ereignisse einsuggeriert werden. Loftus und Pickrell (1995) berichteten, dass sich 20 bis 25 % der Studienteilnehmer nach entsprechenden Fragen daran erinnerten in einem Einkaufszentrum verloren gegangen zu sein während Familienmitglieder bezeugten, dass ein solcher Vorfall nicht stattgefunden hatte. Hyman et al. (1995) entwickelte eine ähnliche Studie, in der Collegestudenten zu einem Krankenhausaufenthalt aufgrund einer Ohrinfektion befragt wurden, der nach Aussage der Eltern nie stattgefunden hatte. Ungefähr 25% der Befragten entwickelten illusorische Erinnerungen.[13] Dies weist allerdings nicht nach, dass ein Trauma an sich falsch erinnert wird, das tatsächlich stattgefunden hat. In der Regel arbeiten seriöse Therapeuten nicht suggestiv und die Flashbacks kommen von selbst außerhalb oder vor einer Therapie.

Evidenz für falsche Erinnerungen kam auch von Menschen, die ihre Aussagen über sexuellen Missbrauch zurücknahmen. Nelson und Simpson (1994) berichteten von 20 Frauen die dies taten. 95% von ihnen hatten die Erinnerungen innerhalb einer Therapie wiedererlangt und alle Frauen berichteten, dass der Therapeut die Entstehung dieser Erinnerungen beeinflusst hatte. Dabei spielte häufig Tranceinduktion eine Rolle, in 85% der Fälle Hypnose. Suggestionen

---

[13]   Schacter, Koutstaal, Norman in Conway, 1997, Kap. 4

wurden ebenfalls häufig berichtet. Die Mehrheit der Frauen (70%) berichtete, dass auch Gruppentherapie ihre falschen Erinnerungen beeinflusste.[14]

Dieses Zurücknehmen der Aussage bedeutet allerdings nicht automatisch, dass kein sexueller Missbrauch stattfand. Dieses Verhalten kann auch darauf beruhen, dass die Frauen Schwierigkeiten hatten, mit dem persönlichen Schmerz umzugehen oder unter sozialem Druck standen.[15]Da alle Frauen ähnliche Erfahrungen mit suggestiven Therapietechniken gemacht hatten können Fälle von einsuggerierten Erinnerungen aber nicht ausgeschlossen werden.

---

[14]   Schacter, Koutstaal, Norman in Conway, 1997, Kap. 4

[15]   Schacter, Koutstaal, Norman in Conway, 1997, Kap. 4

10.4 Begründungen für Amnesien nach traumatischen Erfahrungen

Verdrängung vs. dissoziative Reaktionen

Bereits zu Freuds Zeiten wurde das Verdrängungskonzept kontrovers diskutiert (verschiedene Standpunkte hierzu s. Singer 1990). Eine fundamentale Kontroverse betrifft die Art und Weise, in der Verdrängung definiert wird. Nach Erderlyi (1985) sah Freud Verdrängung zunächst als eine bewusste Taktik an, negative Erfahrungen abzuwehren. Ereignisse über die nicht nachgedacht und über die nicht gesprochen wird, werden schlechter erinnert, weil sie nicht so gut gespeichert werden, wie immer wieder memorierte Ereignisse. Es gibt aber keine Evidenz dafür, dass nur mangelnde Wiederholung, motiviert durch bewusste Versuche ein unangenehmes Ereignis zu verdrängen, komplette Amnesie hervorrufen kann.[16]

Erderly (1985) beschrieb auch, wie Freud zu einer späteren Zeit dazu kam, eine andere Form von Verdrängung zu beschreiben, die nicht einfach durch bewusste Vermeidung des Denkens an und Sprechens über unangenehme Ereignisse erfolgt, sondern er sieht diese Form der Verdrängung als einen unbewussten Prozess an, der das Ich vor schmerzhaftem Material schützt. Skeptiker bemängeln, dass es durch kontrollierte Laborstudien nicht genug experimentelle Nachweise für den Verdrängungsmechanismus gibt (Holmes 1990, Loftus und Ketcham 1994). Wenn ein solcher Mechanismus lediglich

---

[16]   Schacter, Koutstaal, Norman in Conway, 1997, Kap. 4

bei schweren massiven Traumata einsetzt, können Laborstudien diesen Mechanismus jedoch kaum prüfen.[17]

Andere Studien mit Traumatisierten durch verschiedenartige Traumata zeigen, dass oftmals gegensätzliche Reaktionen auf Traumata vorhanden sind. Zum Beispiel benannte Herman (1995) die paradoxe Tatsache, dass Traumata entweder zu exzellentem Gedächtnis oder exzessivem Vergessen führen können.[18]

Prozesse, die extreme amnestische Zustände bei wiederholtem Missbrauch verursachen, sind mit hoher Wahrscheinlichkeit dissoziative Zustände. Menschen, die an Dissoziativen Störungen leiden, entwickeln extreme Amnesien für Kindheitsepisoden, einschließlich traumatischer Geschehnisse. In der letzten Zeit ist viel über Multiple Persönlichkeiten (= Dissoziative Identitätsstörung) berichtet worden. Skeptiker auf der einen Seite sagen aus, dass Multiple Persönlichkeiten in Wirklichkeit iatrogene Kreationen von suggestiven Therapeuten sind (siehe Mersky 1992, Ofshe und Watters 1994, Pendergrast 1995), während die Vertreter der anderen Sichtweise davon ausgehen, dass exzessiver Missbrauch auf der anderen Seite hierfür eine Rolle spielt (z.B. Putnam 1989). Morton (noch nicht veröffentlicht) unterschied zwischen einer entwicklungsbedingten Form der Dissoziativen Identitätsstörung, die mit sexuellem Missbrauch in

---

[17]   Schacter, Koutstaal, Norman in Conway, 1997, Kap. 4

[18]   Schacter, Koutstaal, Norman in Conway, 1997, Kap. 4

Zusammenhang steht und starke dissoziative Zustände involviert und einer erworbenen induzierten Form.

Schacter et al. (1989) berichteten von einer multiplen Patientin, bei der die Persönlichkeiten vor jeglicher Therapie entstanden waren und deren Missbrauch durch Familienmitglieder bestätigt wurde. Sie war nicht in der Lage, irgendeine Kindheitserinnerung vor dem Alter von 10 Jahren zu erinnern. Eine Kontrollgruppe hatte hiermit jedoch keine Probleme. Eine echte Dissoziative Störung bedeutet eine erhebliche Beeinträchtigung im Alltag des Klienten. Wie Putnam und seine Kollegen berichteten, entwickeln multiple Kinder in der Schule und zu Hause extreme Verhaltensauffälligkeiten. Waren solche Verhaltensauffälligkeiten nicht vorhanden, ist es eher fraglich, ob ein massiver sexueller Missbrauch vorlag.[19] Dabei ist allerdings zu berücksichtigen, dass Multiple in der „Öffentlichkeit" stundenweise komplett gesund und normal wirken können und darauf auch regelrecht dressiert werden, damit niemand die Gewalt bemerkt. (Anmerkung der Autorin).

Es wird angenommen, dass die Ursache für die Dissoziative Amnesie durch eine Speicherkapazität, die „Tunnel Memory" genannt wird, verursacht wird. Demnach ist das Individuum während des Traumas mit internen Gedanken oder Bildern über den Stress auslösenden Stimulus beschäftigt (Safer et al. 1994). Hierbei ist die Wahrnehmung während des Traumas auf bestimmte Details der traumatischen Erfahrung eingeschränkt.

---

[19]   Schacter, Koutstaal, Norman in Conway, 1997, Kap. 4

Nach Heuer werden ebenfalls zentrale Elemente in der Erfahrung gespeichert, die bestimmte Gefühle, Gedanken und Reaktionen in der traumatisierten Person auslösen. Wenn die Involviertheit in traumatische Erfahrungen nicht mit Schemata über die eigene Identität in Zusammenhang gebracht werden können, werden dissoziative Reaktionen ausgelöst, die eine psychogene Amnesie, eine psychogene Fugue oder eine Dissoziative Identitätsstörung verursachen können. Einige Untersuchungen, in denen verschiedene emotionale Stimuli präsentiert wurden und verschiedene Erinnerungsmethoden angewandt wurden, unterstützten die Hypothese der „Tunnel – Erinnerung" (Safer et al. 1994). [20]

Des Weiteren begründen die Autoren einen Erinnerungsausfall nach Traumata damit, dass emotional stark besetzte Situationen zur Folge haben, dass sich die Aufmerksamkeit selektiv auf einige Reize richtet, was amnestische Effekte haben kann. Die zugrunde liegende Hypothese ist die Hypothese der „ Cue – utilization „ von Easterbook (1959). Nach dieser Theorie werden Reize durch einen Anstieg der emotionalen Erregung eingeschränkt. Ein sehr hoher Anstieg der emotionalen Erregung führt dann zu einer Reduktion von relevanten Reizen, wodurch die kognitive Verarbeitungskapazität abgeschwächt wird (s. auch Bacon 1974, Baddeley 1972, Korchin 1964 und Wachtel 1967 und 1968). Easterbooks Hypothese wurde von Mandler ausgeweitet (1975), der die These aufstellte, dass das aktivierte autonome Nervensystem mit der bewussten Verarbeitung interferiert, weil sich die Aufmerksamkeit auf das aktivierte Nervensystem richtet.

---

[20]   Christianson, Engelberg in Conway, 1997, S. 237 bis 238

Eysenck entwickelte die Theorie, dass eine hohe Erregung eine reduzierte Fähigkeit zu paralleler Verarbeitung zur Folge hat. Das Zurückhalten isolierter Erinnerungsfragmente wurde auch in anderen klinischen Studien psychogener Amnesie nachgewiesen.[21]

---

[21] Christianson, Engelberg in Conway, 1997, S. 236

10.5 Erklärungen für falsche Erinnerungen

Ein wichtiges Phänomen, das für falsche Erinnerungen verantwortlich sein kann, ist der Quellendiskriminierungsfehler. Hierbei wird die Erinnerung daran, wann, wo und wie eine Erinnerung zustande kam fehlerhaft attribuiert (Johnson et al. 1993). Visuelle Erinnerungen tragen erheblich zu einer fehlerhaften Quellenzuschreibung bei. Die Bildhaftigkeit dieser Erinnerungen führt dazu, dass ein Individuum an die Richtigkeit seiner Erinnerung glaubt (Brewer 1988, Dewhurst und Conway 1994). Obwohl Erinnerungen von erlebten Ereignissen mehr visuelle Details enthalten, als Erinnerungen lediglich vorgestellter Ereignisse (Johnson und Raye 1981), kann die Bildhaftigkeit ein Gefühl der subjektiven Wahrheit hervorrufen.[22]

Quellenkonfusionen kommen vor allem dann vor, wenn Menschen mit irreführenden suggestiven Fragen über ein Ereignis in eine Richtung gelenkt werden (s. Loftus et al. 1978). Wenn Menschen über ein bestimmtes Ereignis befragt werden, z.B. dass ein Auto an einem Stoppschild hält und später über ein angeblich anderes Schild befragt werden, erinnern sie sich oft daran, dieses letztere Schild gesehen zu haben. Loftus und Kollegen schrieben dieses Phänomen der Überschreibung der alten Information zu. Mc Closky und Zaragoza (1985) hingegen zeigten klar, dass die Information über das wirkliche Ereignis in der Erinnerung bleibt, wenn hierzu angemessene Untersuchungen gemacht werden.[23] Obwohl

---

[22]   Schacter, Koutstaal, Norman in Conway, 1997, Kap. 4

[23]   Schacter, Koutstaal, Norman in Conway, 1997, Kap. 4

Quellendiskriminierungsfehler nicht die einzige Fehlerursache darstellen (Loftus et al. 1995), haben sie einen großen Einfluss auf falsche Erinnerungen.[24]

Quellendiskriminierungsfehler wurden auch bei der falschen Erinnerung an Kindheitsereignisse vermutet. Es ist nicht genau bekannt, ob Quellendiskriminierungsfehler falsche Erinnerungen an sexuellen Missbrauch verursachen. Einige falsche Erinnerungen könnten dadurch zustande kommen, dass Elemente aktueller Erfahrungen erinnert werden und ihre Quelle vergessen wird, mit dem Ergebnis, dass etwas was gesagt, einsuggeriert oder imaginiert wurde, als aktuelles Ereignis missverstanden wird.[25]

In einer Studie von Roediger und McDermott (1995) und anderen Studien (Deese 1959, Gardiner and Java 1993, Tulving 1985) erinnerten sich die Versuchspersonen an ein Wort, dass ein bestimmtes „Thema" umfasste, z.B. das Wort Schlaf, obwohl nur damit assoziierte Worte, wie z.B. Bett, Müdigkeit und Pyjama präsentiert worden waren). Dieses Phänomen kann damit erklärt werden, dass der *semantische Inhalt* des kritischen Wortes gespeichert wurde. Einige Untersuchungen hierzu sind von Schacter et al. gemacht worden.[26]

Für die Erinnerung an vergangenen sexuellen Missbrauch kann

---

[24] Schacter, Koutstaal, Norman in Conway, 1997, Kap. 4

[25] Schacter, Koutstaal, Norman in Conway, 1997, Kap. 4

[26] Schacter, Koutstaal, Norman in Conway, 1997, Kap. 4

daraus geschlossen werden, dass illusionäre Erinnerungen möglicherweise wahre Repräsentationen einiger Aspekte aus der Vergangenheit des Patienten / der Patientin sind.[27]

Die Beziehung zwischen Erinnerung und Realität ist oft komplex, und es ist manchmal schwierig Erinnerungen richtig zuzuordnen (Hacking 1995, Schacter 1996).[28]

---

[27] Schacter, Koutstaal, Norman in Conway, 1997, Kap. 4

[28] Schacter, Koutstaal, Norman in Conway, 1997, Kap. 4

10.6 Implizites Gedächtnis

Das implizite Gedächtnis ist in der Debatte um richtige oder falsche Erinnerungen an sexuellen Missbrauch von großer Bedeutung. Eine Reihe von Therapeuten hat vorgeschlagen, dass durch Symptome und bestimmte Verhaltensweisen Missbrauchserfahrungen implizit erinnert werden (z.b. Bass und Davis 1988, Frederikson 1992, Terr 1994, von der Kolk 1994). Dabei wurden sehr allgemeine Symptome beschrieben, die auch andere Ursachen haben können, aber auch spezifischere Symptome.[29]

Hinweise auf die Richtigkeit dieser Theorie stammt aus klinischen Beobachtungen missbrauchter Kinder. Terr (1988) berichtete, dass Kinder den Missbrauch häufig „ausagieren", auch wenn sie sich nicht explizit an ihn erinnern konnten. Ähnliches wurde auch bei Erwachsenen mit psychogener Amnesie beobachtet (z.b. Christianson und Nilsson 1989, Kaszniak et al. 1988, Überblick s. Kihlstrom und Schacter 1995, Schacter und Kihlstrom 1989).[30]

Die Amygdala (kleiner Teil des mittleren, unteren Gehirns) spielt eine große Rolle in solchen impliziten emotionalen Erinnerungen. Studien mit Ratten zeigten, dass die Amygdala bei der Angstkonditionierung (Erlernen von Angst) involviert ist (Le Doux 1995), dies wurde vom Hippocampus - bezogenen Lernen differenziert. Bechera et al.

---

[29]   Schacter, Koutstaal, Norman in Conway, 1997, Kap. 4

[30]   Schacter, Koutstaal, Norman in Conway, 1997, Kap. 4

(1995) zeigten, dass ein Patient mit einer Läsion (Schädigung) der Amygdala keine Form der Angstkonditionierung entwickeln konnte aber keine Probleme hatte, die Umstände der Konditionierungssituation zu erinnern, während ein Patient mit hippocampalem (Teil des mittleren Gehirns) Schaden normal konditioniert werden konnte, sich aber nicht an die Umstände der Konditionierung erinnerte.[31]

All diese Ergebnisse weisen darauf hin (zu Bedenken ist allerdings, ob aus Studien mit Ratten automatisch Rückschlüsse auf das menschliche Gehirn geschlossen werden können), dass Menschen, die sexuellen Missbrauch erlebt haben, implizite Erinnerungen entwickeln können, die mit einer emotionalen Repräsentation des Ereignisses in der Amygdala zusammenhängen, so dass ein impliziter affektiver Status gespeichert wird, unabhängig von der Kontextinformation (Jacobs und Nadel 1985). Die vorhandenen Studien wurden an Missbrauchsopfern gemacht, bei denen der Missbrauch definitiv bekannt war, und es fehlen klinische Vergleiche mit einer Kontrollgruppe (zu testende Vergleichsgruppe mit nicht missbrauchten Teilnehmern). (s. Kihlstrom, Chapter 5, Pendergrast 1995).[32]

Auch kann aufgrund der Existenz impliziter Erinnerungen an sexuellen Missbrauch nicht gefolgert werden, dass der Missbrauch auch explizit erinnert werden kann.[33]

---

[31] Schacter, Koutstaal, Norman in Conway, 1997, Kap. 4

[32] Schacter, Koutstaal, Norman in Conway, 1997, Kap. 4

[33] Schacter, Koutstaal, Norman in Conway, 1997, Kap. 4

11. Diskussion

Die vorhandenen Untersuchungsergebnisse zeigen, dass Erinnerungen an traumatische Erfahrungen häufig richtig sind, unklar ist jedoch, wie häufig sie ganz genau dem Geschehen entsprechen. Die Literatur über Traumata, von denen sicher ist, dass sie stattgefunden haben, (Erdbeben, Schlangenbisse oder Entführungen) zeigt, dass Erinnerungen an bedrohliche Situationen in der Regel persistent sind, obwohl sie in bestimmten Details fehlerhaft sein können (siehe Pynos and Nader, 1989, Terr 1988, Überblick s. Schacter 1996). Diese Literatur sagt allerdings nichts über Traumata aus, die zeitweise vergessen werden.[34]

Viele Forscher bemängeln, dass es zur Existenz von wieder erinnerten Traumata keine valide (gültige) Laborstudie gibt, z.B. Holmes (1990), Pope und Hudson (1995) und Wakefield und Underwagner (1992). Vorteile von Laboruntersuchungen sind die Kontrollmöglichkeiten durch den Experimentator und die Möglichkeit, sie zu verifizieren (bestätigen), aber sie sind auch wegen mangelnder Validität, der Kontrolle persönlicher Intentionen des Individuums und den Erwartungshaltungen des Untersuchers fehleranfällig. Des Weiteren ist fraglich, ob schwerste Traumata in einem Labor simuliert werden können und ob solche Studien generalisiert werden können.

Klinische Untersuchungen basieren auf langjährigen voneinander unabhängigen Beobachtungen erfahrener Therapeuten und beruhen

---

[34] Schacter, Koutstaal, Norman in Conway, 1997, Kap. 4

auf „Überzeugungen", die letzten Endes im gesamten diagnostischen Manual standardisiert wurden. Sorgfältige Untersuchung und Beobachtung eines Phänomens ist oft Voraussetzung dafür, dass angemessene psychologische Untersuchungen gemacht werden können.[35]

Die Gefahr der Diskussion über wahre und falsche Erinnerungen liegt darin, dass die Voraussetzungen für die Fortführung der Geheimhaltung sexuellen Missbrauchs begünstigt werden. Zwar wird sexueller Missbrauch heute im Allgemeinen eher anerkannt, dennoch werden die Missbrauchsfälle, die nicht immer klar erinnert wurden, möglicherweise verdeckt. Dies ist in Anbetracht der Geheimhaltung des sexuellen Missbrauchs vor allem innerhalb der Familie und der Tatsache, dass Betroffenen häufig nicht geglaubt wird, besonders bedeutsam. Gerade Kinder, die von sexuellem Missbrauch berichten, sollten vor den Auswirkungen der Debatte geschützt sein und nicht aufgrund mangelnder Genauigkeit der Erinnerungen vor Gericht und einer ggf. nicht vorgenommenen Verurteilung des Täters in eine Familie zurückgeschickt werden, die durch offensichtliche Missbrauchsdynamik gekennzeichnet ist oder in der sie sich aus irgendeinem Grunde sehr schlecht fühlen und dies auch verbal oder nonverbal mitteilen. In einem Vortrag teilte eine in einem Kinderheim arbeitende Psychologin mit, dass Kinder im Falle eines „leichteren" Missbrauchs manchmal in ihre Familien zurückgeschickt werden. Das ist sicherlich kein Vorgehen, das für ein missbrauchtes Kind vorteilhaft ist, zumal sich hinter „leichterem" Missbrauch oft auch

---

[35] Andrews, Brewin in Conway, 1997

massiverer Missbrauch verbirgt, der vom Kind aus Angst oder aufgrund amnestischer Zeiten nicht benannt werden kann. Aber auch „leichter" Missbrauch über Jahre ist niemals harmlos.

Nach bisher vorliegenden Daten wird möglicherweise ein geringer Prozentsatz sexuellen Missbrauchs falsch erinnert. Die Evidenz für wahre Erinnerungen ist jedoch weitaus höher. Es ist nicht möglich aus dem Mangel an Beweisen daran, dass sexueller Missbrauch stattfand, zu schließen, dass er nicht stattfand, wie die Vertreter falscher Erinnerungen postulieren.[36]

Die Debatte um die Existenz wieder erinnerten sexuellen Missbrauchs ist häufig von polarisierten Einstellungen gekennzeichnet, es wird entweder eine Sichtweise für oder gegen entsprechende Erinnerungen vertreten. Täter finden sich in der Theorie der falschen Erinnerung bestätigt. Existierende wissenschaftliche Erkenntnisse kommen dabei häufig nicht objektiv zum Ausdruck, eher werden Teilergebnisse als „endgültiger Beweis" für die bevorzugte Sichtweise dargestellt oder es werden öffentliche Erklärungen abgegeben, ohne dass Genaueres über traumaspezifische Symptome und Probleme und über falsche Missbrauchserinnerungen bekannt ist. Dies führt zu einer Auseinandersetzung, die nicht konstruktiv wirkt und letzten Endes weder den Betroffenen von sexuellem Missbrauch noch den ggf. falsch Angeschuldigten dient.

Auch wenn die wissenschaftlichen Studien bezüglich der

---

[36]   Courtois in Conway, 1997, S. 211

Funktionsweise des Gedächtnisses beim Abspeichern von traumatischen Erfahrungen noch viele Fragen offen lassen, wäre es möglicherweise sinnvoller, nicht bei dieser Streitfrage zu verweilen, sondern sich darum zu bemühen, den von der Problematik konkret betroffenen Menschen in der Praxis dem bisherigen Wissen entsprechende Hilfestellungen zu geben. Das bedeutet z.b. in öffentlich zugänglichen Zeitschriften nicht allein die benannte Debatte zu diskutieren, sondern eher problemorientiert vorzugehen und Hinweise z.b. zu folgenden Fragen zu geben:

Wie ist die Gewichtung beider Standpunkte?

Interessant wären Studien darüber, wie häufig falsche Erinnerungen im Gegensatz zu wahrem sexuellen Missbrauch auftreten, um die Relevanz beider Problematiken an den Fakten zu orientieren. Über falsche Erinnerungen in einem höheren Ausmaß zu diskutieren, als über wahren Missbrauch, wäre nicht sinnvoll, wenn lediglich 1% der missbrauchten Menschen von „False memories" betroffen wären während 99% wirklich missbraucht werden.

Welche Bedeutung hat die Einordnung sexuellen Missbrauchs als Massenphänomen?

Da sexueller Missbrauch zumindest in der Vergangenheit bereits als ein „massenhysterisches Phänomen" deklariert wurde, wird auch hierauf argumentativ eingegangen. Wirklich Betroffenen könnte dies zu Recht als recht unpassend erscheinen. Das gehäufte bekannt werden von Missbrauchsfällen wurde in der Vergangenheit bereits einer Form von „Massenhysterie" zugeschrieben. Dabei wird nicht differenziert, ob die Häufigkeit sexuellen Missbrauchs nicht tatsächlich angestiegen ist oder ob sich die Dunkelziffer allmählich aufhebt. Gerade Letzteres dürfte aufgrund einer vermehrten Offenheit in der Gesellschaft für das Thema für das gehäufte Auftreten von Missbrauchsberichten verantwortlich sein.

Sexueller Missbrauch tritt häufig auf, und sehr häufig bleibt er auch heute noch aufgrund der spezifischen Missbrauchsdynamik unentdeckt.

Durch unangemessene Berichte könnten zumindest theoretisch dramatisierte Reaktionen und Fehldiagnosen bei sensibilisierten Personen ausgelöst werden. Möglicherweise reagieren Menschen infolge der Tabuisierung der Thematik alarmierter, als wäre die Existenz sexuellen Missbrauchs und das Reden darüber relativ selbstverständlich. Je selbstverständlicher Menschen mit dem Wissen um sexuellen Missbrauch aufwachsen, desto leichter ist möglicherweise die Einordnung der eigenen Geschichte in dieses Schema. De/die Betroffene kann dann ggf. besser einordnen, ob ihm/ihr die spezifische Missbrauchsdynamik wirklich bekannt ist, weniger, wenn er/sie nichts Näheres über sexuellen Missbrauch weiß und aufgrund eines Fernsehfilms anfängt zu spekulieren. Deshalb ist es sinnvoll, zu beachten auf welche Art und Weise die Thematik veröffentlicht wird. Wissenschaftlich korrekte Berichte und umfassende Information sind zielführender als polemische Berichte mit Halbwissen.

Interessant wären Untersuchungen darüber, wie lange ein Mensch von sich aus ein Interesse daran zeigt, sich mit einem Schema zu identifizieren, von dem er nicht betroffen ist, wenn er nicht suggestiv beeinflusst wird. Die Wahrscheinlichkeit, dass sich ein Mensch dauerhaft mit einem Ereignis befasst, das unangenehm ist, ist möglicherweise nicht hoch, da die Einordnung in ein inkonsistentes Schema keinen Nutzen für die Persönlichkeitsentwicklung hat.

Für einen Anstieg der Missbrauchszahlen können auch weitere andere Ursachen bestehen, wie z.B. eine erweiterte Definition, die auch sexuellen Missbrauch ohne Beischlaf umfasst. Dass eine Enttabuisierung der Thematik zu einem stärkeren Ausmaß der Veröffentlichungen führt, ist sicherlich am naheliegendsten. .

Im Fazit können angestiegene Auftretenshäufigkeiten durch sehr viele komplexe Faktoren bedingt sein.

Insgesamt erscheint es nicht logisch, die Schlussfolgerung zu ziehen dass sexueller Missbrauch falsch erinnert wird, weil die Fallzahlen steigen.

Prinzipiell löst jede scharfe und absolute Kritik umso stärkere Gegenreaktionen aus. Wer wirklich missbrauchte Menschen als „Falscherinnerer" angreift erhält sehr emotionale Gegenreaktionen, da sich wirklich missbrauchte Menschen nicht anerkannt fühlen. Das wiederum löst extreme Gegenreaktionen aus, wie die Bildung einer Gruppe gegen die Existenz sexuellen Missbrauchs, auch bekannt als „False Memories Foundation" (in der sich natürlich viele reale Täter befinden) (In den USA hat sich der offizielle Verein bereits aufgelöst (Stand, 2021), die genauso emotional reagiert. So verstärken sich beide Pole gegenseitig immens. Eine hohe emotionale Beteiligung bei wieder erinnertem sexuellen Missbrauch resultiert bereits aus der extremen Tabuisierung aufgrund der spezifischen Missbrauchsdynamik in der Kindheit und der Tabuisierung in der Gesellschaft. Vertreter der „False Memories" - Bewegung sorgen für eine erneute Tabuisierung in der Gesellschaft. Besonders tragisch und deutlich wird dies mittlerweile am Deutlichsten bei der Diskussion darüber, ob es Multiple Persönlichkeiten und rituelle Gewalt gibt. Hier ist die Tabuisierung noch deutlich größer als bei „normalem'" sexuellen Missbrauch. Die Folgen sind für die Betroffenen grausam, denn ohne angemessene Hilfe kommen auch erwachsen gewordene multiple Menschen in entsprechenden Kulten nicht immer aus den Gewaltverhältnissen raus. Trotz permanenter Lebensbedrohung sieht sich keine Stelle willig oder in der Lage hier einzugreifen.

Wie sollte mit missbrauchten Menschen gearbeitet werden?

Dabei sollte insbesondere die Problematik der suggestiven Arbeit dargestellt werden. Moderne Traumatherapeuten dürften diese Debatte über wahre und falsche Erinnerungen heutzutage aber zu Genüge kennen und kaum ein Interesse daran haben, Menschen falsche Erinnerungen einzusuggerieren. .

Welche Folgen haben fehlerhafte Diagnosen und die Ablehnung der Anerkennung traumabedingter psychischer Störungen?

In dem häufig gelesen DSM – Fallbuch Nr. 3 (heute überholt) , in dem ein Fall von DIS als Folge einer „iatrogenen Induzierung" dargestellt wurde, wurde die Möglichkeit der Existenz „echter" Multipler Persönlichkeiten stärker in Frage gestellt, als es in einem Buch, dass die Fachkenntnisse über Traumatologie aktuell reflektieren sollte, der Fall sein sollte. So wurde vielen Praktikern eher eine Haltung nahegelegt, die die Existenz Dissoziativer Störungen und sexuellen Missbrauchs, der wieder erinnert wird, ablehnt. Durch solche unzureichenden oder einseitigen Veröffentlichungen wurden und werden weiterhin Fälle echter Dissoziativer Störungen oft nicht erkannt. Noch heute werden viele reale Multiple Persönlichkeiten als schizophren fehldiagnostiziert oder werden niemals als multipel diagnostiziert und pendeln Jahrzehnte zwischen Klinken bzw. diversen Therapien und erhalten Psychopharmaka, die in diesem Fall zur Heilung der Störung so gut wie erfolglos sind. Auch kommt es vor, dass Therapeuten die Behandlung Multipler Persönlichkeiten ablehnen, weil „sie sich da nicht auskennen".

Borderline – Persönlichkeiten, die nicht immer, aber häufig Gewalterfahrungen gemacht haben, werden häufig als aggressiv, unangenehm, anstrengend und nicht therapierbar dargestellt, z.B. in einem der Autorin bekannten Buch über Klinische Psychologie. Solche Veröffentlichungen lassen Opfer sexuellen Missbrauchs und anderer Gewalterfahrungen wenig populär erscheinen. Menschen mit Borderline – Persönlichkeitsstörungen werden zwar diagnostisch eher anerkannt aber aufgrund ihres negativen Images ungern oder mit Skepsis therapiert und erhalten häufig eher eine symptomorientierte

Behandlung in Psychiatrien statt eine möglicherweise notwendige Traumatherapie.

Wirtschaftlich gesehen führen Fehldiagnosen oder fehlerhafte Behandlungen zu weitaus höheren Kosten für die Krankenkassen und wichtiger noch, wird der Leidensdruck der Betroffenen unnötig verlängert.

Auch wenn sexueller Missbrauch an sich im Allgemeinen heute eher anerkannt wird, scheint die Anerkennung von Folgen hinter dieser Erkenntnis eher zurückzubleiben. Borderliner erhalten z.b. eher ein Skill – Training als eine Traumatherapie, DISler haben immer noch massive Probleme angemessene Therapieplätze zu finden. Ein Missbrauchsopfer ist ein Mensch, der spezifische Abwehrmechanismen in der Folge von Traumata entwickelt hat, die komplex sind und denen möglicherweise nicht immer so leicht zu begegnen ist, wie bestimmten anderen psychischen Störungen. Eine Anerkennung sexuellen Missbrauchs ohne die Anerkennung der problematischsten Folgen, die aus der erlebten Gewalt resultieren können, wie z.B. Borderline oder DIS lässt keine Zielerreichung in Bzg. auf eine Veränderung zu. Kein Therapeut kann in einer Therapie sexuellen Missbrauch therapieren, wohl aber die Folgen dieses Geschehens. Es ist nicht ausreichend, allein über sexuellen Missbrauch zu debattieren. Die traumaspezifischen Hilfen gibt es zwar theoretisch, sind häufig aber nicht erreichbar, gerade nicht für DISler und schon gar nicht akut.

Bei einer genaueren Information über traumaspezifische Folgen könnten auch solche abgelehnten, in Frage gestellten oder nicht ausreichend traumaorientiert behandelten Fälle möglicherweise besser therapeutisch aufgefangen werden und das mit einem Verständnis der Störung als vielleicht logische durch ein Trauma verursachte Reaktion und nicht als „unheimliche", „beängstigende" oder „unangenehme" Störung.

Welchen Zusammenhang hat die Diskussion über die Existenz der Dissoziativen Identitätsstörung (DIS) mit der Anerkennung sexuellen Missbrauchs?

Pathogen dissoziative Symptomatiken sind in der Praxis häufig anzutreffen und die Diskussion über die Existenz Multipler Persönlichkeiten spiegelt nach der Vermutung der Autorin eher die Problematik über die Glaubwürdigkeit eines ganz brisanten Themas wieder, nämlich der Existenz von ritueller Gewalt. Zwar hat man mittlerweile verstanden, dass es sexuellen Missbrauch gibt, bei ritueller Gewalt steckt die Akzeptanz des Themas noch in den Kinderschuhen. Das Ausmaß der Dissoziation ist bei der Multiplen Persönlichkeit offensichtlicher, als im Rahmen einer anderen Störung, die dissoziative Komponenten umfasst (z.B. Borderline – Persönlichkeitsstörung und Posttraumatische Belastungsstörung). Wird – wie Manche immer noch hoffen - nachgewiesen, dass alle Multiplen iatrogene Kreationen sind, kann daraus schematisch gefolgert werden, dass sexueller Missbrauch meistens falsch erinnert wird, wird nachgewiesen, dass alle Multiplen „echte" Multiple sind, wird daraus gefolgert, dass meistens alle Missbrauchserinnerungen richtig sind. Die Existenz von ritueller Gewalt wird dadurch natürlich erst recht verdeckt, was den Tätern zugute kommt. Deshalb können rituelle Kultgruppen über Jahrzehnte unbehelligt weiter existieren.

Warum werden dissoziative Symptome im Rahmen einer DIS angegriffen aber im Rahmen einer Posttraumatischen Belastungsstörung selbstverständlich anerkannt? Weil eine PTSD eher auch aus anderen Formen der Traumatisierung resultieren kann, die weniger tabuisiert sind? Im Anschluss an diese Überlegung ergibt sich folgende Frage:

Wozu dienen diagnostische Einordnungen?

Am Beispiel der DIS hat nicht die „Richtigkeit" der diagnostischen Einordnung wirklich die zentrale Bedeutung, sondern die Therapie der Störung. Eine Einordnung der Dissoziativen Identitätsstörung unter den Begriff einer besonders stark ausgeprägten Form der Posttraumatischen Belastungsstörung wäre nicht problematisch, wenn sie mit den Möglichkeiten einer PTSD – Behandlung ausreichend behandelt werden könnte. Eine gesonderte Diagnosestellung erscheint dann sinnvoll, wenn die Therapie multipler Persönlichkeiten noch andere Maßnahmen erfordert, als die Therapie der Posttraumatischen Belastungsstörung. So sollte sich auch die Kategorisierung von Diagnosen eher an den praktischen Konsequenzen ausrichten, als an dem Problem der Kategorisierung an sich.

Fazit

Im Resultat ist „richtige" Umgang mit sexuellem Missbrauch im Sinne aller Betroffenen sicherlich ein sehr komplexes Problem. Möglicherweise ist nach einer Zeit, in der die Thematik selbstverständlicher wird und weniger „neu" erscheint, eine Abschwächung der Dramatisierung des Themas zu erwarten. Es ist zu wünschen, dass der Umgang damit immer selbstverständlicher wird.

Diese die Existenz wahrer Erinnerungen befürwortende Diskussion soll nicht in Frage stellen, dass Fälle falsch erinnerten Missbrauchs vorkommen, Missbrauch z.B. in Scheidungsprozessen „missbraucht" wird und Menschen versuchen können, durch das Vortäuschen einer Dissoziativen Identitätsstörung eine Verurteilung zu vermeiden. Aber auch diese Probleme lassen sich sicher am Besten mit einer umfangreichen Information über traumaspezifische Folgen lösen, so dass in solchen Fällen Missbrauchte und nicht Missbrauchte besser differenziert werden können. Gerade zu dieser Frage sind zukünftig weitgehende Untersuchungen sinnvoll..

Gibt es reliable Kriterien zur Bestimmung der Authentizität von wiedererlangten Erinnerungen?

Ein Kriterium kann daran gemessen werden, wie eine Erinnerung auf normalem Wege wieder in das Bewusstsein gelangt. Es gibt hierbei eine Eingangsphase, in der eine Erinnerung sehr plötzlich ins Bewusstsein gelangt und eine nachfolgende Phase, in der die Erinnerung graduell wiederkehrt. Diese Phase der Erinnerung geht mit starken Emotionen einher. Manchmal tauchen sogar physiologische Reaktionen, z.B. Schmerzen auf. Des Weiteren enthalten wahre Erinnerungen sehr persönliche Details, z.B. ist das Individuum auf bestimmte Details der Erinnerung fixiert und trinkt beispielsweise keine Milch, weil es sich dadurch an eine orale Vergewaltigung erinnert. Falsche Erinnerungen enthalten normalerweise generelle Beschreibungen ohne Details und sind nicht mit starken emotionalen Reaktionen verbunden. Wenn sehr persönliche Details erinnert werden, die Erinnerung mit starken Emotionen einher geht und traumaspezifische Symptome vorhanden sind, ist es nach Angabe der Autoren sehr wahrscheinlich, dass die Erinnerungen authentische Erfahrungen reflektieren.[37]

Insgesamt gesehen ist eine intensive Fortführung der Traumaforschung und der Forschung über richtige und falsche Erinnerungen wichtig und notwendig. Wichtig war hier, einen möglichst anwendungsorientierten Umgang mit diesen Erkenntnissen anzuregen.

---

[37]   Christianson, Engelberg in Conway, 1997, S. 246 bis 247

12. Schlussfolgerungen

Warum beschäftige ich mich mit dem Thema „False Memories"?

Gerade für Betroffene sind die Diskussionen um falsche Erinnerungen sehr verunsichernd. Fast alle zweifeln ihre Erinnerungen selbst an. Und die Diskussionen um dieses Thema können diese Zweifel verstärken oder aber auch minimieren, wenn man weiß, was es damit auf sich hat. Mir persönlich hat die Beschäftigung mit diesem Thema eher geholfen, angemessener mit den Selbstzweifeln umzugehen.

Die Selbstzweifel an der eigenen Geschichte resultieren in der Regel daraus, dass es einfacher ist, diese Erinnerungen abzuwehren, als sich die Schrecken der Vergangenheit bewusst zu machen, und ich kenne persönlich nicht eine Betroffene/einen Betroffenen, der diese Selbstzweifel nicht hat, mal mehr, mal weniger stark. Insofern sind Selbstzweifel eher ein Indikator für eine echte DIS.

Gibt es Menschen, die sich tatsächlich rituelle Gewalt nur einreden?

Ich persönlich bin darauf noch nicht gestoßen. Ich bin allenfalls mal auf Menschen gestoßen, die eine Dissoziative Störung bei sich vermutet haben, weil sie sich damit gar nicht auskannten und beim Lesen dachten: Viele Anteile? Das hat doch jeder, dann habe ich das auch. Es kommt auch bei anderen psychischen Erkrankungen vor, dass manche sich in etwas wieder finden, ohne die Erkrankung zu haben. Primär beruht das auf Unkenntnis von Art und Schwere einer psychischen Erkrankung.

Dann gibt es Menschen, die auf jeden Fall eine schwere psychische Erkrankung haben, die Symptome sind aber undurchsichtig, weil sich Erkrankungen so vermischen, dass eine Einschätzung der Diagnose schwierig scheint. Mit DIS erfahrene Therapeuten dürften dann aber mit der Zeit heraus finden, wo genau das Problem liegt. Dazu ist wie in allen Fällen eine sorgfältige Diagnostik notwendig. In den Psychiatrien wird so eine Diagnostik in der Regel nicht ausreichend geleistet, gerade wenn die Aufenthalte kürzer sind. Hier empfiehlt sich dann eine Traumaklinik.

Die Ursprungsfrage war aber, ob es Menschen gibt, die sich auch rituelle Gewalt einreden. Ich bin seit langem primär im Internet im Austausch mit anderen Betroffenen. Ich habe so etwas noch nicht erlebt, dass sich jemand rituelle Gewalt einredet. Im Gegenteil wird die Gewalt selbst weniger thematisiert, es werden auch keine Erinnerungen geteilt, allenfalls nur grob angedeutet. Meistens geht es im Austausch um die Probleme durch die DIS und explizite Traumata kommen kaum direkt zur Sprache. Manche Betroffenen wissen noch gar nichts davon (bzw. wissen sie es aber die „Alltags"personen nicht), manche leugnen die eigenen Erlebnisse noch stark und die, die sich schon stark damit auseinandergesetzt haben, sind in der Regel über den Punkt hinaus, an dem die Selbstzweifel noch sehr extrem wären. Da ist dann doch recht klar, dass diese Dinge passiert sind.

Die Frage ist auch: Warum sollte sich jemand so etwas Schreckliches einreden und freiwillig diesen ganzen extremen Leidensdruck bei der Aufarbeitung durchmachen? Leider kommen die Erinnerungen mit der Zeit dann doch eh auch von selbst, so dass es keine „geplante" Aufarbeitung gibt. Das ist mit extremen Krisen und massivem Leidensdruck verbunden.

Gibt es Therapeuten, die rituelle Gewalt einsuggerieren?

Auch hier ist die Frage: Welcher vernünftige Therapeut würde seinen Klienten so etwas antun? Ich kann mir beim besten Willen nicht vorstellen, dass ein Therapeut mit einer soliden Psychotherapieausbildung diese Ausbildung gemacht hat, um seinen Klienten derartige seelische Schmerzen zuzufügen.

Warum taucht dieses Thema im Buch auf?

Seitdem über DIS geredet wird, wird leider auch von DIS – Gegnern darüber geredet, dass es sich um von Therapeuten einsuggerierte Erinnerungen handelt und DIS gar nicht existiert. Eigentlich ist dieses Thema längst überholt. Die Diagnose ist eigentlich schon lange anerkannt, und es gibt auch gewisse Beweise für die Existenz von dissoziativen Persönlichkeitszuständen. Anerkennend muss ich hier auch mal erwähnen, dass das Thema auch bei der Bundesregierung zumindest schon zur Kenntnis genommen wurde und es eine Aufarbeitungskommission zum Thema Missbrauch und rituelle Gewalt gibt. Den Betroffenen wird also geglaubt.

Leider gibt es im Internet und leider auch immer noch unter bestimmten Fachleuten – in der Regel bei denen, die sich nicht viel damit befasst haben – Zweifel an der DIS – Diagnose, immer noch. Damit werden Betroffene auch immer noch konfrontiert. Wer sich mit dem Thema nicht auskennt und anfängt zu googeln wird wahrscheinlich auch auf das Thema „False Memories" stoßen. Ich bin kürzlich noch von einer unwissenden Person darauf angesprochen worden.

Genau deshalb finde ich eine korrigierte Darstellung in diesem Buch extrem wichtig. Sie soll verunsicherte Betroffene aufklären, was es mit diesem Thema auf sich hat, sie soll Fachleute aufklären, die sich noch nicht damit befasst haben, die Zweifel am Thema mindern und helfen einzuordnen, worum es bei diesem Thema überhaupt geht.

Was sind nun wirklich falsche Erinnerungen?

Falsche Erinnerungen sind bei Zeugenaussagen von Bedeutung. Deshalb ist es immer noch kaum der Fall, dass DIS - Betroffenen vor Gericht Glaubwürdigkeit geschenkt wird. Vor Gericht spielt eine Rolle, den Ablauf eines Geschehens von Beginn an bis zum Ende in chronologischer Reihenfolge des Ablaufs bezeugen zu können, inklusive Details in der Umgebung, Details zu Ort und Zeit, Dauer des Geschehens, Täterbeschreibungen etc.. Durch die dissoziierte Erinnerung ist das so nicht möglich, da die Erinnerung nur fragmentarisch abgespeichert wird. Zuordnung von Ort und Zeit sind schon mal gar nicht möglich, zumal die Orte oft von den Tätern nicht genannt werden, zumindest bei ritueller Gewalt und in organisierten Täterkreisen. Auch die genaue Zeit wird wohl kaum in so einer

Situation erfasst. Dazu kommt, dass die Traumatisierungen über viele Jahre gehen, und auch dann ist es, selbst wenn nicht dissoziiert worden wäre, kaum noch möglich zu wissen, wann genau was vor 20 Jahren geschehen ist.

Das Gedächtnis ist nicht in der Lage, exakt zu repräsentieren, was am 6.Januar 1985 um 13.00 geschehen ist. Das geht nach 20 Jahren noch nicht mal ohne DIS. Erinnerungen an Traumasituationen können sich vermischen und Details nicht unbedingt korrekt zugeordnet werden. Z.B. ist es möglich, einem Unfallzeugen einzureden, dass am Unfall ein blaues Auto beteiligt war, das in Wirklichkeit grün war. So etwas fällt unter den Begriff falsche Erinnerung. Vor Gericht spielt es eine wesentliche Rolle, was die richtige Autofarbe war. Der Punkt an dieser Sache ist: Es wird lediglich die Farbe des Autos falsch erinnert, es wird aber nicht falsch erinnert, dass es diesen Unfall gab und das ist der springende Punkt. Erinnerungen können in Details fehlerhaft sein, sich eben über die Jahre vermischen oder sie werden falschen Zeiten zugeordnet o.ä. Es ist nicht mehr klar, welcher Täter an welchem Trauma wann beteiligt war, aber auch schon allein deshalb, weil es so viele Traumasituationen gab, dass man selbst ohne DIS unmöglich alles behalten kann. Ich bin 20 Jahre traumatisiert worden, geht man von einer wöchentlichen Traumatisierung aus sind das 52 mal 20 Traumasituationen, das sind 1040 einzelne Situationen. Und die soll man jetzt bitte einzeln mit Ort und Zeit und Ablauf beschreiben? Geht weder mit DIS noch ohne DIS...

Auch Erwartungen und Vorstellungen und andere kognitive Vorgänge können Erinnerungen beeinflussen. D.h. aber eben nicht, dass die Gewalt nicht passiert ist.

Erinnerungen treten in der Regel von selbst in Form von Bildern, Emotionen oder Körperreaktionen auf. Nach meiner Erfahrung sind diese Bilder sehr detailgetreu, da ich auch solche Erinnerungsbilder an Dinge habe, die ich nicht vergessen habe. Oft sind das auch nur Bilder von Gegenständen, die früher eine Rolle gespielt haben oder von Situationen, die ich nicht vergessen habe. Diese Erinnerungen erlebe ich als sehr genau und exakt, fast als hätte ich ein fotografisches Gedächtnis, dass ich normalerweise nicht habe. Das wundert mich immer wieder, dass trotz aller Dissoziation Dinge dann auch andererseits so genau präsent sind und so klar da sein können. Ich kann oft nicht einschlafen, weil ich immer wieder Dinge „sehe", obwohl ich gerade mal gar nicht will und lieber schlafen will. Ein harmloser Fall war eine Sylvesternacht, in der ich nicht einschlafen konnte, weil ich immer wieder die Raketen vor Augen hatte, die ich 2 h zuvor gesehen hatte. So ist es mit alten Erinnerungen auch.

Dann gibt es noch einzelne schlaue Wissenschaftler, die im Labor nachgewiesen haben, dass man jemandem einsuggerieren kann, als Kind in einem Kaufhaus verloren gegangen zu sein. Daraus wird gefolgert, dass auch sexueller Missbrauch ein vom Therapeuten einsuggeriertes Phänomen ist. Dieser Vergleich hinkt an jeder Ecke. Zum einen haben Therapeuten wie schon oben beschrieben absolut kein Interesse daran, ihren Klienten unnötige seelische Schmerzen zuzufügen. Zum anderen haben Klienten ebenfalls kein Interesse daran, sich mit Dingen zu beschäftigen, die ihnen selbst massive seelische Schmerzen zufügen. Insofern stellt sich die Frage, wie häufig so ein Phänomen in der Praxis überhaupt vorkommt. Es mag alles geben, das kann ich nicht ausschließen aber in der Regel tauchen die Erinnerungen nicht unbedingt nur im Rahmen von Therapien auf, oft auch schon vor Therapien und sind mit schwersten psychischen Krisen verbunden, was kaum der Fall sein dürfte, wenn man jemandem im Labor ein falsches Trauma einpflanzt. Diese sehr schwere psychischen DIS – Symptome lassen sich nämlich nicht einsuggerieren, die sind und waren schon immer da verbunden mit sehr typischen Traumaabreaktionen, sehr starken Emotionen, ggf. eben auch starken Amnesien im Alltag und allen sonstigen üblichen Traumasymptomen. Ein Mensch, dem nicht wirklich etwas passiert ist, hat all diese Symptome nicht.

D.h.: Jemand mit deutlichen posttraumatischen Symptomen, mit einer offensichtlichen DIS, mit deutlichen Einschränkungen im Alltag und oft einem sehr extremen Leidensdruck spinnt nicht, wenn er/sie von den grausamsten Erlebnissen berichtet! Sie haben so oder so ähnlich stattgefunden!

Ich gehe auch davon aus, dass die meisten Traumatherapeuten und Traumatherapeutinnen damit mittlerweile vertraut sind.

Wenn extrem belastende Erinnerungen aus der Vergangenheit angezweifelt werden und Betroffenen kein Gehör geschenkt wird ist das schon schlimm genug. Das löst eine permanente Retraumatisierung aus. Ganz brutal wird dieses Phänomen aber, wenn Betroffene noch aktiv in irgendwelchen Kulten sind! Mir sind persönlich Betroffene bekannt, die als Kind aufgrund der Spaltung nicht wussten, dass sie stundenweise in einem Kult sind, die dies als Erwachsene dann aber doch realisieren und irgendwann erinnern. Dabei gibt es sogar auch Beweise wie schwere Verletzungen oder Täternachrichten.

Diese Betroffenen gehen weder zur Polizei noch vor Gericht, weil ihnen nicht geglaubt wird. Sie gehen in Psychiatrien und erhalten im schlechtesten Fall die Diagnose Schizophrenie oder Borderline. Und werden Nacht für Nacht in den entsprechenden Kulten gefoltert – und niemand sieht hin und hilft! Und kommen ein Leben lang nicht aus den entsprechenden Kreisen raus! Dann wundert man sich, wenn solche Fälle der Polizei nicht bekannt werden und schließt daraus, dass es das deshalb ja dann auch nicht gibt.

Und daran machen sich diejenigen schuldig, die die „False Memory" – Hypothese weiter verbreiten, egal ob bewusst oder aus Unwissenheit! Man kann diese Phänomene, dass Erinnerungen nicht unbedingt exakte Repräsentationen liefern, thematisieren und wissenschaftlich untersuchen. Das macht sogar Sinn um diese Fragen in wissenschaftlichem Sinne zu lösen. Das Problem ist dabei aber, dass es in der Öffentlichkeit nicht um wissenschaftliche Erkenntnisse geht, sondern dieses Thema derart verfälscht dargestellt wird, dass es mit reiner Wissenschaft nichts mehr zu tun hat. Diese Thesen sind immer – eben verfälscht - noch derart verbreitet, dass sie gleich im Einklang mit dem Thema DIS und rituelle Gewalt genannt werden, ich habe es kürzlich noch bei einer Sekteninfostelle gelesen und nicht nur bei einer.

Deshalb muss man sich leider mit diesem Phänomen auseinander setzten. Das könnte auch Betroffenen zugutekommen, die damit leider ggf. dann in der Praxis konfrontiert werden. Ich persönlich bin von meinen psychologischen Therapeuten nicht damit konfrontiert worden, die haben zum Glück nicht wirklich an mir oder meiner Geschichte gezweifelt. Mir ist es aber in bestimmten Psychiatrien passiert, wenn Psychiater mich nicht kannten und beim Wort DIS gleich auf Abwehr gingen. Ich lese diese Theorien aber leider zu oft im Internet bei eigentlich zuständigen Stellen. Auch privat ist es mir schon passiert, dass ich mit dem Thema konfrontiert wurde, weil die Personen mal so etwas gelesen hatten.

Was heißt das nun für Betroffene, darf man sich da selber glauben, wenn solche Erinnerungen auftauchen oder andere Innenpersonen schreckliche Dinge erzählen?

Wenn deutliche posttraumatische Symptome vorliegen: Leider ja. Und auch das ist keine schöne Nachricht, man möchte es selbst nicht glauben und will nicht dass all diese Dinge passiert sind oder passieren. Lieber möchte man damit nichts zu tun haben. Natürlich gibt es auch andere Erkrankungen, wo Menschen Dinge denken, die nicht real sind aber eine Traumfolgestörung lässt sich – wenn man etwas Ahnung hat – eigentlich gut diagnostizieren und von anderen Erkrankungen unterscheiden. Dazu empfehle ich immer die Diagnostik bei einem Traumatherapeuten/ einer Traumatherapeutin. Soweit ich es mitbekomme ist die DIS – Diagnose explizit bei Traumaexperten anerkannt und wird auch nicht mehr wirklich angezweifelt. Und es gibt einige Traumakliniken, die mit DISlern arbeiten. Ich denke da ist dieses „False Memory" - Thema vom Tisch, obwohl es natürlich bekannt ist. Bei Psychiatrien bin ich wesentlich skeptischer, wobei es da einrichtungsabhängig und personenabhängig große Unterschiede geben dürfte.

Wenn es Zweifel gibt, sollte man sie einfach neutral angucken und akzeptieren. Ich habe mich 4 Jahre zunächst mal mit meinem Zweifel auseinander gesetzt und hatte irgendwann gar keine Wahl mehr: Entweder fange ich an, über das Erlebte zu sprechen oder ich verliere den Verstand. Ich habe mich entschieden zu sprechen und es bis heute nicht bereut. Erinnerungen, die in der Therapie berichtet werden, müssen nicht für einen Prozess tauglich sein und können in der Therapie unter Verschluss bleiben, wenn man das möchte. Im Vordergrund steht in der Therapie die Heilung und das ist schwierig, ohne jemals über das Erlebte zu reden. Im Laufe der Zeit werden sich die Zweifel verändern, dies ist in beide Richtungen möglich und manchmal kommen auch Phasen, in denen etwas so klar wird, dass die Zweifel verschwinden. Genauso können sie plötzlich wieder auftauchen. Ich lasse sie daneben stehen, sollten sie doch noch mal auftauchen und mich dadurch trotzdem nicht auf meinem Heilungsweg aufhalten. Und es war nicht der einfachste Weg, zu wissen, was ich irgendwann einmal angezweifelt habe, aber der einzig Richtige.

Gibt es Beweise dafür, dass es die Diagnose DIS wirklich gibt und die erlebte rituelle Gewalt absolut real ist?

Eigentlich zahlreiche....Wie oben schon beschrieben gibt es sehr viele Betroffene, die als Kind nicht klar hatten, dass sie in bestimmten Kreisen aufwachsen, die Abwehr im Erwachsenenalter dann aber nicht mehr aufrecht erhalten können und es sehr genau wissen, dass die rituelle Gewalt in bestimmten Nächten geschieht, inklusive entsprechender Verletzungen. In manchen Kreisen werden auch

Drohbriefe verschickt o.ä. Ich höre immer wieder von solchen Fällen, dass die Gewalt dann irgendwann klarer wird und Betroffene aus der Gewalt raus wollen. Und warum das nicht immer funktioniert und welchen Anteil diese Gesellschaft daran hat dürfte in diesem Buch klar geworden sein. Und noch klarer ist, warum die allerwenigsten Betroffenen öffentlich darüber reden (können).

An wen sollte ich mich nun wenden, wenn ich Hilfe brauche?

Wer bisher noch keine Hilfen hat und verzweifelt sucht, dem würde ich als ersten Schritt das Hilfetelefon Berta empfehlen (s.Anhang). Dort sitzen nur Menschen, die sich wirklich mit ritueller Gewalt aus-kennen und ich denke vertrauenswürdig sind. Das ist auch anonym möglich. Dann würde ich Hilfestellen empfehlen, die explizit mit dem Thema Frauen und Gewalt vertraut sind wie Frauenberatungsstellen und Therapeuten, die mit dem Thema Trauma vertraut sind. Die Therapeutensuche kann sich sehr mühselig und langwierig gestal-ten, weil die Therapeuten überfüllt sind. Umso wichtiger ist dann wei-ter zu suchen. Auch Plätze in Traumakliniken haben manchmal hor-rende Wartezeiten. Deshalb kann ich da nur empfehlen, sich auch auf entsprechende Wartelisten setzen zu lassen, wenn man gerade stabil ist und sich darum kümmern kann. Und nicht erst, wenn es so akut wird, dass auch das nicht mehr geht.

Erwartungen an die Gesellschaft

Wir leben leider in einer sehr egoistischen Gesellschaft. Ein gewisses Ausmaß an Egoismus ist nötig um selbst zu überleben, das ist normal. Aber der Egoismus, den ich meine hat damit nichts mehr damit zu tun. Erst das Erstarken der AfD und des Ausländerhasses, in der Corona – Krise einfach aus Bequemlichkeit oder weil mal man mal auf ein paar privilegierte Vergnügungen verzichten muss einfach keine Lust andere vor Corona zu schützen, ob die dann sterben ist scheißegal. Beim Ukraine – Krieg sind empathielose Menschen genau so zu finden. Und bei ritueller Gewalt ist das natürlich auch so. Da passt es natürlich, dass es die schöne „False Memories" These gibt.

Kein „Normalbürger" den es überfordert, muss in diese Thema einsteigen. Was man aber erwarten kann ist, dass Betroffenen Gehör und Glauben geschenkt wird, das Thema nicht geleugnet wird und dass Menschen, die sich nicht damit befassen wollen, es einfach auch lassen und nicht anfangen, solche „False Memories" - Themen zu unterstützen, die Betroffen dann schaden.

Anders sieht es mit offiziell zuständigen Stellen aus. Das betrifft vor allem Ärzte, Therapeuten, Betreuer und sonstige Berater sowie die Polizei und die Gerichte. Hier trägt jeder eine Mitverantwortung angemessen mit dem Thema umzugehen, das Thema zu thematisieren und nicht zu leugnen oder zu ignorieren und auszuklammern. Dazu gehört auch, sich angemessen über DIS zu informieren, sich weiter zu bilden und den Betroffenen zu angemessener Hilfe zu verhelfen. Auch bei „Professionellen" wird die Verantwortung gerne weg geschoben. D.h. wiederum für Betroffene, dass es wichtig ist, sich nur solche Helfer zu suchen, die im Besten Fall mit dem Thema DIS vertraut sind oder zumindest bereit sind, sich damit auseinander zu setzen und dem Thema offen gegenüber stehen.

Was mir Hoffnung gibt: Wie oben schon geschrieben hat der Missbrauchsbeauftragte der Bundesregierung da soweit ich es mitbekommen habe gute Arbeit geleistet und es gibt mittlerweile die Aufarbeitungskommission Sexueller Missbrauch inklusive ritueller Gewalt. Ebenso gibt es Netzwerke von Fachleuten, die sich intensiv mit rituellem Missbrauch und DISlern befassen. Außerdem wurde explizit für Betroffene von ritueller Gewalt das Hilfetelefon Berta eingerichtet (s.Anhang). Das ist aber nur ein Anfang...Aus der Anerkennung dieses Themas müssen auch Konsequenzen folgen. Es fehlen Anlaufstellen explizit für DISler/Opfer ritueller Gewalt und organisierter Kriminalität, Therapieplätze und Kliniken mit kürzeren Wartezeiten. Vor allem die Polizei und die Gerichte sind dringlich gefordert, sich mit dem Thema auseinanderzusetzen.

13. Schlusswort

Es kann schwer sein, multiple Menschen zu verstehen, auch für die Betroffenen, sich selbst zu verstehen. Vermutlich hat kaum eine multiple Frau / ein multipler Mann den Eindruck, jemals in der Lage zu sein, sich wirklich mitteilen zu können. Zudem ist es nur eine kleine Wunde von vielen, dass die FMS – Welle die Hilfesuche für wirklich Betroffene manchmal so schwierig macht. Selbst wenn Betroffenen geglaubt wird, fehlen an vielen Stellen Erfahrung und gerade im Akutbereich adäquate Behandlungsmöglichkeiten. Multiple Menschen werden auch im Erwachsenenalter immer mal wieder durch ungläubige Reaktlonen neu viktimisiert und in Frage gestellt.

Dennoch lassen sich multiple Menschen nicht ausrotten. Sie zeigen sich und was sie erlebt haben und fordern Sie heraus, neue Wege einzuschlagen, sich endlich einmal mit einer wissenschaftlichen Korrektheit dem Thema DIS zu nähern und nicht mit politischer Polemik und vereinigter Täterunterstützung.

Noch heute wird an mancher Stelle offiziell ausgesagt, DIS gäbe es nicht. Dies ist wissenschaftlich nicht korrekt, da es zahlreiche Studien zu erwiesenem Missbrauch und Dissoziation gibt. Öffentliche Stellungnahmen von Traumaverbänden werden nicht gehört, weil nicht da sein soll, was nicht da sein darf. Auch im aufgeklärten Jahr 2022 geht die Gewalt weiter. Seelische Folter Betroffener, die Probleme haben, Hilfe zu finden, wird verblendet. Gewalt kann nur in einer gewaltbereiten Gesellschaft existieren, die Einzelgruppen ausschließt. Noch immer gibt es nicht genug ausgebildete Therapeuten und vor allem keine adäquate Information darüber, wie das Problem einer falschen Diagnostik behoben werden kann. Diese Informationen sind da, und das Wissen darüber verbleibt bei wenigen Fachleuten, weil politische Intentionen verhindern, die „Entweder – Oder – Diskussion" zu verlassen. Auch die wirtschaftlichen Interessen - neben moralischen Aufforderungen - können nur darin liegen, ein großes gesellschaftliches Problem (Man geht von einer Prävalenz von ca. 1% aus) so zu behandeln, dass multiple Menschen eine adäquate Behandlung bekommen, um am gesellschaftlichen Leben wieder teilnehmen zu können. Dazu ist manchmal nur so wenig notwendig, wie auf den multiplen Menschen zuzugehen, ihn anzunehmen und zu achten in seiner Eigenart und von ihm zu lernen, denn eines kann ein multipler Mensch nach Jahren der Folter ganz bestimmt: Die Würde des Menschen, das eigene Leben und das Leben anderer schätzen.

Ich möchte alle multiplen Frauen und Männer motivieren, nicht ihren Stolz aufzugeben, nicht ihre Weisheit über das Leben und nicht ihre Kraft für das Leben. Gebt nicht auf, und nehmt Euch, was Ihr nehmen könnt für Euch und Euer Team von denen die Euch quälten, und seht die Hände der Menschen, die Mensch geblieben sind und Euch lieben. Nehmt die Liebe an, und gebt sie zurück an die, die Euch lieben. Vielleicht gibt es noch keine Menschen, die Euch lieben aber es wird sie geben und Ihr werdet erleben, was Mensch sein bedeutet, auch wenn der Weg lang, schmerzhaft, manchmal qualvoll und weit ist. Nehmt Euch den eigenen Weg und nicht den der anderen. Euer Wert ist der Eures eigenen Kerns, der nie niemals zerstört werden konnte und kann.

Die Sekte

Ich stand am Eingang eines Labyrinthes. Es hatte mich gelockt. Das Schild mit der Aufschrift. Ein schwarzes Schild mit goldenen Buchstaben in einer Sprache, die ich nicht kannte. Es sah wunderschön aus. Ich konnte mich nicht satt sehen an dem blinkenden Gold. Plötzlich fingen die Buchstaben an, sich zu bewegen. Sie formten sich zu einer Schlange. Das goldfarbene Tier wand sich und glitt langsam von dem Schild herunter. „Komm!" zischte sie. Sie hinterließ ein hässliches Loch im Schild. Ich sah nicht mehr, dass eine kleine Kinderhand einen Zettel durch das Loch schob. Sie ließ den Zettel fallen.

Ich folgte der schwarzen Schlange in das Labyrinth hinein. Alles um mich herum war dämmrig – grauschwarz. Nur wenig Licht – wie Mondlicht - zeigte den Weg an und ließ die Konturen der Wände an beiden Seiten erkennen. „Folge mir", flüsterte die Schlange.

Der, der den Zettel fand, war ein gewöhnlicher Mensch, einer ohne besondere Stärken oder Schwächen. Er ging jeden Tag um 8.00 Uhr zur Arbeit und war gegen 18.04 Uhr abends wieder zu Hause. Er wohnte allein, hatte Zeit zum Nachdenken und zu wenig Zeit, wirklich nachzudenken. Nichts erschütterte seine Welt, seine kleine Welt, und er lebte durchaus zufrieden. Er wusste nicht, warum er den Zettel aufgehoben hatte. Es war eher ein gedankenloser Vorgang gewesen. Er faltete das Papier auseinander und erschrak. In unbeholfenen krakeligen kindlichen Druckbuchstaben stand auf dem Zettel nur ein Wort: „Hilfe." Die Buchstaben stachen ihm in die Augen. Es war nur ein Wort. Nur ein Zettel. Aber er spürte, dass etwas Tieferes dahinter steckte.

Ich folgte der Schlange. Eine Zeitlang liefen wir nur geradeaus. Mir wurde immer schummriger. Die Luft verschlechterte sich zusehends und wirkte wie betäubendes Gas. Ich wurde müder und matter. Plötzlich tauchte ein der Ferne ein goldenes Licht auf. Ich spürte neues Leben in mir und ging schneller. Je näher ich dem Licht kam, desto mehr erkannte ich die Konturen einer Halle. Ich ging noch schneller. Ich sah nicht, dass das Kind dicht hinter mir lief. Es hatte Angst, sich direkt bemerkbar zu machen und von der Schlange gesehen zu werden. Wenn die Schlange sich umsah, versteckte es sich schnell in einem Seitengang.

Der Mensch war unruhig geworden. Er spürte in sich eine Verantwortung, die er nie zuvor empfunden hatte. Das erschreckte ihn, und er war voller Angst. Dennoch trieb es ihn zu dem Ort, an dem er den Zettel aufgehoben hatte. Er betrat das Labyrinth. Er sah nur die Konturen der Wände. Nichts lockte ihn, auch nur einen Schritt weiter zu gehen. Er zitterte. Plötzlich sah er vor sich Konturen von roten Buchstaben auf einem Schild. Er ging näher und las: „Studiengemeinschaft". Auf einer Ablage, die am Schild angebracht war, lagen Flyer zum mitnehmen. Er las sich den Flyer durch: Es wurden Seminare angeboten mit Titeln wie: „Entdecke Dein wahres Ich." „Finde vollendete Erfüllung mit der Lehre der Etkesiologie." Teilnahmegebühr für ein Seminar: 50 Euro, ein Preis, der gerade noch aufzubringen war, dachte der Mensch. Er steckte sich einen Flyer ein und ging weiter vorwärts. Plötzlich sah er in der Ferne ein neues Licht. Es erhellte eine Treppe und der Mensch betrat die erste Stufe. Wiederum fand

er ein Schild vor, diesmal trug es die Aufschrift: „Aufbauseminar",
Gebühr 100 Euro. Er betrat die zweite Stufe und erblickte ein
weiteres Schild. Er las: "Bewusstseinserweiterung", 200 Euro für ein
Seminar. Danach erklomm der Mensch die dritte Stufe und hielt
inne. Er stand vor einer mächtigen verschlossenen Tür.

Ich ging durch die Tür und betrat die Halle. Die Wände der Halle waren schwarz. Vor mir leuchtete ein Kreuz grell goldfarben und erhellte den Raum. Es sah wunderschön aus. Vor dem Kreuz bildeten Kerzen einen Kreis. Die Schlange legte sich innerhalb des Kreises auf den Fußboden und verwandelte sich dort zu einem goldenen Gemälde eingebunden in den harten Steinboden. Ich war endlich da. An dem Ort, nach dem ich mein Leben lang gesucht hatte. Tiefe Freude erfasste mich. Endlich würde ich eins sein mit dem Alleinigen. Mit Etkesiophistos. Ehrfürchtig kniete ich vor dem Kreuz nieder. Plötzlich gingen die 5 Seitentüren der Halle auf und heraus traten Gestalten in schwarzgelben Umhängen. Und dann kam es endlich: Das goldene Kind. Es war gold angemalt und wurde in die Mitte des Kreises gelegt.

Der Mensch sah eine Blutspur, die unter der Tür heraus lief. Ihn
packte Entsetzen und blanke Panik. Er rannte den ganzen Weg zu-
rück, den er gekommen war, heraus aus dem Labyrinth. Er spürte,
dass er etwas tun musste. Er musste dringend Hilfe suchen. Irgend
jemand war in Gefahr. Als er Hilfe suchte, wurde er gefragt: „Haben
Sie Anhaltspunkte, dass eine konkrete Straftat vorliegt?" „Nein. Nur
die Blutspur." „Haben Sie Beweise dafür, dass in der nächsten Zeit
eine Straftat geschehen wird?" „Nein." „Dann können wir nichts ma-
chen. Die Studiengesellschaft Etkesiologie ist ein eingetragener

Verein mit durchaus ehrenhaften Grundsätzen." „Aber der Zettel!"
rief der Mensch. Der Helfer sah ihn nur zynisch an. „Sie bilden sich
das alles nur ein. Und nun gehen Sie am besten."

Ich stand am Eingang des Labyrinths. Als ich den Zettel fand,
war ich noch ein gewöhnlicher Mensch, ohne besondere Stär-
ken oder Schwächen, ging jeden Tag um 8.00 Uhr ins Büro und
war gegen 18.00 Uhr wieder zu Hause. In den heutigen Abend-
nachrichten wurde folgende Meldung laut: „Heute Abend gegen
18.04 Uhr wurde die Leiche eines Kindes gefunden. Aufgrund
der Zeugenaussage eines ehemaligen Mitgliedes vermutet man
Zusammenhänge zur Studiengemeinschaft der Etkesiologen.
Des Weiteren wird angenommen, dass die Etkesiologen in den
weltweiten Waffen- und Drogenhandel eingebunden waren und
ebenfalls Kontakt zu internationalen Kinderpornoringen hatten.

Zum Schluss war ich wieder EINS mit dem Alleinigen – mit MIR.

Joana Jane Bach

Mein besonderer Dank gilt:

Meiner Freundin I für einen Kampf, den kein anderer gewonnen hätte

Inka Maja, die mir ihre Liebe gab, ohne mich jemals in Frage zu stellen, die einen Baum in mir pflanzte und mir das Mensch sein zurück gab

Meiner Kollegin K., die mir ihre Ruhe und tiefe Liebe gab, ohne die ich niemals hätte leben können

Meiner Autismusfreundin für ihr tiefes Verständnis meines Selbst und ihren Humor

Meiner DIS - Expertin, die mir endlich erlaubt hat mich zu integrieren, frei zu sein und die zu sein, die ich wirklich bin

Und

Den Testleserinnen und Testlesern, die sich die Zeit genommen haben, das Buch zu lesen und wertvolle Rückmeldung zu geben

Dem Tagesklinikteam in T für ihre Empathie, uneingeschränkte Akzeptanz, ihren Respekt, ihre Liebe und ihren Glauben an das Gute, auch in beschränkenden Strukturen

Dem Team der Behindertenwerkstatt in T für ihre tiefe Empathie und ihr außergewöhnliches Engagement

Meiner Kollegin M, die mir einen Sinn im Leben gab und meine Wahrnehmung erweiterte

Dem Team einer Klinik in H für ihre extrem hohe Kompetenz und die sehr hohe menschliche Wertschätzung

Meinen Freunden, die mich annahmen und sein ließen mit meinem Schmerz und meiner Kraft

Meinen musicalischen Kollegen für unvergessliche musicalische Momente

Den Dozenten der Universität T für ihre Akzeptanz und ihren Respekt

Meinen Musik- und Schullehrern für ihre Lehre über das Leben und die Akzeptanz meiner selbst

Meinen Therapeutinnen und meinen Therapeuten

Meinen Betreuerinnen und Betreuern

Und ganz besonders

Den multiplen Menschen, von denen ich lernte und denen meine größte Bewunderung und Achtung gilt und meinem eigenen Team

Anhang

Literaturverzeichnis

Andrews Bernice, Brewin Chris R. Reasoning about repression: inferences from clinical and experimental data. In Martin A.Conway (Hrsg.) *Recovered memories and false memories.* 1997. Kap. 8. Oxford University Press. Oxford

Bange Dirk. *Handwörterbuch Sexueller Missbrauch.* 2002. Hogrefe – Verlag. Göttingen

Christianson Sven – Ake, Engelbert Elisabeth. Remembering and forgetting traumatic experiences: am matter of survival. In Martin A. Conway (Hrsg) *Recovered and false memories.* 1997. Kap.10. Oxford University Press. Oxford

Courtois Christine A. Delayed memories of child abuse : critique of the controversy and clinical guidelines. In Martin A. Conway (Hrsg.) *Recovered memories and false memories.* 1997. Kap.9. Oxford University Press. Oxford

Schacter Daniel, Koutstaal Wilma, Norman Kenneth A. The recovered memories debate: a cognitive neuroscience perspective. In Martin A. Conway (Hrsg.) *Recovered Memories and false memories.* 1997. Kap.4. Oxford University Press. Oxford

Informationsseiten und Hilfeeinrichtungen

Die Betreiber der hier verlinkten Internetseiten übernehmen keine Haftung für die Inhalte in diesem Buch, ebensowenig übernehme ich umgekehrt die Haftung für Gestalt und Inhalte der verlinkten Seiten. Natürlich habe ich mich dennoch bemüht, nur Seiten zu nennen, die ich als seriös und vertrauenswürdig einschätze. Alle genannten Seitenbetreiber haben der Nennung im Buch zugestimmt.

Beratung und Information:

Seite des/der Missbrauchsbeauftragten der Bundesregierung:
https://www.beauftragter-missbrauch.de

verweist auf das Hilfeportal/Hilfetelefon Sexueller Missbrauch:
https://www.hilfe-portal-missbrauch.de
Hilfetelefon sexueller Missbrauch
0800 22 55 530

Nina e.V. Hilfe und Beratung bei Missbrauch:
https://nina-info.de
verweist auf:

Hilfetelefon Berta

Beratung bei organisierter sexueller und ritueller Gewalt:

0800 30 50 750

www.hilfe-telefon-berta.de

Leitfaden SUPPORT zum Ausstieg bei ritueller Gewalt:

https://nina-info.de/berta

Telefonseelsorge Deutschland:

www.telefonseelsorge.de

0800.1110111

0800.1110222

116123

Bundesverband Frauenberatungsstellen und Frauennotrufe:

www.frauen-gegen-gewalt.de

Tauwetter e.V – Beratung für Männer:

https://www.tauwetter.de

Weisser Ring e.V.:

www.weisser-ring.de

Selbsthilfe:

Lichtstrahlen Oldenburg e.V.:

https://lichtstrahlen-oldenburg.de

Information ohne Beratung:

Vielfalt eV.:

https://vielfaltev.de

Infoportal Rituelle Gewalt:

www.infoportal-rg.de

Emdria Deutschland e.V:

https://www.emdria.de

Therapeutensuche bei Emdria:

https://www.emdria.de/therapeuteninnen/

Deutsche Gesellschaft für Trauma und Dissoziation:

https://www.dgtd.de

Deutschsprachige Gesellschaft für Psychotraumatologie:

https://www.degpt.de

Renate – Rennebach – Stiftung

Information und Aufklärung, keine Einzelförderung:

https://www.renate-rennebach-stiftung.de

Dr. Luise Reddemann

Information zum Thema Trauma allgemein, Bücher:

http://www.luise-reddemann.de

Initiative Phoenix

Bundesnetzwerk für angemessene Psychotherapie

http://www.initiative-phoenix.de